中國学術思想 研究輯刊

三二編

林慶彰 主編

第 3 冊

中國經學研究會年會論文集
——走出荒經時代（上）

本書主編 司馬朝軍

花木蘭文化事業有限公司

國家圖書館出版品預行編目資料

中國經學研究會年會論文集——走出荒經時代（上）／本書
主編 司馬朝軍 -- 初版 -- 新北市：花木蘭文化事業有限公司，
2020〔民 109〕
目 2+166 面；19×26 公分
（中國學術思想研究輯刊 三二編；第 3 冊）
ISBN 978-986-518-275-5（精裝）
1. 經學 2. 文集
030.8   109011227

ISBN-978-986-518-275-5

中國學術思想研究輯刊
三二編　第 三 冊　　　　　　　ISBN：978-986-518-275-5

中國經學研究會年會論文集
——走出荒經時代（上）

本書主編　司馬朝軍
主　　編　林慶彰
總 編 輯　杜潔祥
副總編輯　楊嘉樂
編　　輯　許郁翎、張雅淋　美術編輯　陳逸婷
出　　版　花木蘭文化事業有限公司
發 行 人　高小娟
聯絡地址　235 新北市中和區中安街七二號十三樓
　　　　　電話：02-2923-1455／傳真：02-2923-1452
網　　址　http://www.huamulan.tw 信箱 hml810518@gmail.com
印　　刷　普羅文化出版廣告事業
封面設計　劉開工作室
初　　版　2020 年 9 月
全書字數　278279 字
定　　價　三二編 24 冊（精裝）新台幣 60,000 元

中國經學研究會年會論文集
——走出荒經時代(上)

司馬朝軍　主編

編者簡介

司馬朝軍，上海社會科學院歷史研究所研究員、古代史室主任。曾任武漢大學國學院經學教授、歷史學院專門史教授、信息管理學院文獻學教授、中國傳統文化研究中心研究員、四庫學研究中心主任。著有《四庫全書總目研究》《四庫全書總目編纂考》等四庫學系列著作，主撰《辨偽研究書系》（9 種 13 冊），此外出版國學系列著作多種（如《國故新證》《國故新衡》《國故新語》《漢志諸子略通考》《子略校釋》《黃侃年譜》《黃侃評傳》等）。組織主持「中國經學論壇」與「江南學論壇」，主編連續性學術集刊《傳統中國研究集刊》與不定期學術集刊《江南學論叢》。

提　要

　　本書集由司馬朝軍研究員負責編輯，精選了當今大陸經學研究界一線學者有代表性的經學論文。上海社科院歷史研究所曾為海內經學研究重鎮，一時高手雲集，周予同先生就是旗手。由於經學研究在以往的百年之間處於邊緣化位置，司馬朝軍研究員意欲接力完成由周予同先生提出的三大課題（即《中國經學史》的編撰、《清經義考》的編纂、《從顧炎武到章太炎》的編寫）。2019 年 4 月 19 日～ 22 日在衢州國際大酒店專門召開了題為「走出荒經時代」的全國經學學術研討會。來自北京大學、復旦大學、武漢大學、中山大學、山東大學、蘭州大學、上海大學、安徽大學、上海師範大學、衢州學院、孔子研究院等高校和科研機構的 30 餘位專家學者，圍繞百年經學研究的回顧、經學專題研究、《中國經學史》的編纂問題、孔氏南宗與儒家文化研究四個專題展開了深入交流。中國孔子研究院「尼山學者」特聘研究員丁鼎教授指出，南孔北孔，同宗同源，此次會議在南孔聖地衢州召開，無疑具有特殊意義，「走出荒經時代」即是要「為往聖繼絕學」，本次會議肩負挖掘和闡發儒學思想的重任。上海大學寧鎮疆教授認為，經學研究要回歸文本，秉持開放的胸懷，加強與考古學、出土文獻等研究領域的交流，以助於走出「荒經時代」。

目
次

下　冊

《禮記》與「內聖外王」之道論綱
——以《大學》《中庸》為討論中心

丁鼎

（中國孔子研究院「尼山學者」特聘研究員，山東曲阜　273100）

一、孔孟之道——「內聖外王」之道

　　人們常用「內聖外王」，來指代或概括孔孟之道，或曰以孔子、孟子為代表的儒家思想學說。所謂「內聖」，就是指通過自身的心性修養，培育成聖人水準的思想境界；所謂「外王」，就是指對外施行王道，按照儒家的仁政理想或禮治思想來治理社會。「聖」，是儒家最理想、最神聖的人格；「王」，是儒家理想的、符合禮義的統治者。

　　但需要注意的是：「內聖外王」這一詞語並非出於儒家原創。「內聖外王」一詞最早出自先秦道家著作《莊子・天下篇》：「天下大亂……是故內聖外王之道，暗而不明，鬱而不發。天下之人，各為其所欲焉，以自為方。」

　　此語本出於道家，後來人們便用「內聖外王」來指代或闡釋儒學。大約至宋代，人們就經常以「內聖外王」來指稱儒家或孔孟之道了。

　　據《宋史・道學傳》記載：「河南程顥初侍其父識雍，論議終日，退而歎曰：『堯夫，內聖外王之學也。』」〔註1〕由此可知，北宋時程顥就以「內聖外王之學」來指稱邵雍的學問。

　　據《咸淳遺事》卷上記載，南宋度宗咸淳年間，「上幸太學，升邵雍、司馬光從祀。其詔曰：『邵雍天挺人豪，英邁蓋世。司馬光有德有言，有功有烈，朱熹贊之與周、張、二程俱。雍述經世書，發先天奧旨，而內聖外王之學，

〔註1〕脫脫等：《宋史》卷427《道學傳・邵雍》，北京：中華書局，1977年版，第12728頁。

實關吾道。光著《通鑑》貽後世治法，而真履實踐之美，為儒宗師。蓋非前代諸儒或以章句文詞得祀於學者比。朕將臨辟雍。因思朱熹所贊，已祀其四，尚遺雍、光。非缺典歟？令學宮列諸從祀以示獎崇。」〔註2〕宋度宗在詔書中把邵雍、司馬光與周敦頤、張載、二程等六位的學業作為「內聖外王之學」來看待，實際上就是把儒學、道學（理學）當作「內聖外王之學」來看待。

而清儒孫奇逢等則直接了當地明言：「夫子之道，內聖外王修己治人之道也。」〔註3〕可見在清儒的話語體系中，「內聖外王」就是孔孟之道的代名詞，就是儒家思想的代名詞。

究其實，儒家講的「內聖外王」之道，就是講求如何實現個人理想人格和如何實現國家的理想政治。「內聖」體現對道德人格的要求；「外王」則體現對理想政治的追求。通俗地講，「內聖」的內涵就是修身養德，要求人做一個有德性的人；「外王」的內涵就是治國、平天下，使國家達到仁政、禮治的要求。「內聖外王」的統一是儒家學派追求的理想境界。「內聖外王」之道是古代儒家學派修身為政的最高理想。

在先秦儒家學派的奠基人孔子、孟子等人的思想中實際上已蘊含著「內聖外王」的思想。正如四庫館臣在《日講四書解義》提要中所說：「內聖外王之道備於孔子，孔子之心法寓於六經。」〔註4〕《論語·憲問》載：「子路問君子。子曰：『修己以敬。』曰：『如斯而已乎？』曰：『修己以安人。』曰：『如斯而已乎？』曰：『修己以安百姓。』」孔子這裡所謂的「修己」實際上可以理解為「內聖」的工夫，而「安人」與「安百姓」則是「外王」的實踐。再如《孟子·盡心上》所謂：「窮則獨善其身，達則兼善天下。」這裡所謂「獨善其身」也是指「內聖」工夫；而「兼善天下」就是指「外王」實踐。

二、「內聖」和「外王」的關係

「內聖」和「外王」的關係，就是「修身養性」與「治國平天下「的關係。

在「內聖」方面，孔子主張，「為仁由己」。子曰：「克己復禮為仁。一日克己復禮，天下歸仁焉。為仁由己，而由人乎哉？」也就是說，一個人能不

〔註2〕佚名：《咸淳遺事》卷上，文淵閣《四庫全書》本。
〔註3〕孫奇逢：《四書近指》卷十一「不相為謀章」，文淵閣《四庫全書》本。
〔註4〕永瑢等：《四庫全書總目》卷三六《日講四書解義》提要，北京：中華書局，1965年版，第303頁。

能成為品德高尚的仁人，關鍵在於自己。在「外王」方面，儒家以「修己」為起點，而以「安人」為終點。《論語·憲問》載：「子路問君子。子曰：『修己以敬。』曰：『如斯而已乎？』曰：『修己以安人。』曰：『如斯而已乎？』曰：『修己以安百姓。』」孔子這裡所謂的「修己」可以理解為「內聖」的工夫，而「安人」與「安百姓」則是」外王的實踐。在孔子的思想中，內聖和外王是相互統一的，內聖是基礎，外王是目的，只有內心的不斷修養，才能成為「仁人」「君子」，才能達到內聖，也只有在內聖的基礎之上，才能夠安邦治國，達到外王的目的。

孔子「內聖外王」政治思想中，體現了道德與政治的直接統一。儒家無不講道德，也無不談政治，認為政治只有以道德為指導，才有正確的方向；道德只有落實到政治中，才能產生普遍的影響。沒有道德作指導的政治，乃是霸道和暴政，這樣的政治是不得人心的，也是難以長久的。

在儒家思想體系中，「內聖」是「外王」的前提和基礎，「外王」實為「內聖」的延伸和展開，「內聖」與「外王」互表裏，相輔相成，其最高境界就儒家所追求的理想人格與理想的社會治理模式。「內聖外王」實際上就是道德與政治的統一。

三、《大學》與《中庸》集中闡述了儒家「內聖外王」之道

眾所周知，《禮記》在儒家經典體系中佔有非常重要的地位，唐代孔穎達主持編纂《五經正義》時，甚至以《禮記》取代《儀禮》的地位，使《禮記》升格為「五經」之一。而《大學》與《中庸》兩篇是《禮記》中最有代表性的兩篇。宋明理學的代表人物二程和朱熹都非常重視《禮記》中的《大學》與《中庸》兩篇。程頤曾推崇《大學》說：「入德之門，無如《大學》。」〔註5〕《中庸》也被二程推崇為「孔門傳授心法」〔註6〕。到南宋時，朱熹繼承二程思想，把《中庸》從《禮記》中抽出來，與《論語》《孟子》《大學》合為《四書》，並撰《四書章句集注》。此後，《四書》日益受到社會的重視，並成為後世官方正統教育和開科取士的基本教典。

二程與朱熹為什麼特別推崇《大學》與《中庸》？原因就是這兩篇最集中、最全面、最系統地闡釋、論述了儒家的「內聖外王」之道。也就是最集

〔註5〕程顥、程頤：《二程集·程氏遺書》卷二二上，北京：中華書局，1981年版。
〔註6〕朱熹：《四書章句集注·中庸章句》篇題下所引，北京：中華書局，1983年版。

中、最全面、最系統地闡釋、論述了儒家的社會政治思想、天道人倫觀念，心性教養的途徑和原則等等。

如《禮記‧大學》所提出的實現大學之道的八條目為：格物、致知、誠意、正心、修身、齊家、治國、平天下。這八條目也可以看作實現「內聖外王」的八個步驟。其中「格物、致知、誠意、正心」是儒家「內聖」工夫；而「齊家、治國、平天下」則是「外王」之業。

再如《中庸》篇的主旨，重點在於發揮孔子的中庸思想，其中提出了性、命、誠等一系列重要思想觀念，而且將這些思想觀念與「天」與「道」聯繫起來進行了形上化的論述和闡釋。可以看作是對《大學》所提出的「誠意」、「正心」和「修身」的形上學的重要表達，也就是對「內聖」的形上學的重要表達。因此北宋二程對本，甚至認為《中庸》是「孔門傳授心法」〔註7〕。《中庸》首節為本篇總綱，從揭示天、性、道、教的關係入手，說明道本原於天（天命）而內在的具於人（性），其無處不在而須臾不可離；人應以「慎獨」的修養工夫，時時體現天道（教）。

從原始儒學到漢代的政治儒學，再從宋明理學到現代新儒學，兩千多年裏，時代在變，儒學的詮釋也在變，但萬變不離其宗，始終在《大學》與《中庸》所揭示的「內聖外王」的模式裏運思。也就是說，儒家的思想學說基本就是「內聖外王」之道，就是在「修身」的基礎上，進而達到「經世致用」、「治國安邦」的目的。而無論「內聖」，還是「外王」，其標準和規範都「禮」。

因此，可以說「內聖外王」是儒家的最高理想，在儒家思想中有著很高的地位。對中國古代的政治、倫理、文化等產生深遠的影響。

四、「內聖外王」之道的當代價值

儒家文化中「內聖外王」的文化傳統不僅對中華民族精神的形成和發展起到了巨大的推動和導向性的作用，而且對於我們今天批判地繼承傳統文化，培育和弘揚當代中華民族精神有著重要的借鑒意義。

毫無疑問，儒家「內聖外王」觀念在中華民族精神的建構中曾經發揮過重要的歷史作用。它所倡導的理想人格、價值取向、倫理觀念、審美情趣等逐步得到全民族認同，成為中華民族文化的主體精神。尤其是它所倡導的「修身、齊家、治國、平天下」的理念，不僅在歷史上對中華民族精神的形成和

〔註7〕朱熹：《四書章句集注‧中庸章句》篇題下所引，北京：中華書局，1983年版。

昇華發揮過積極的作用,而且在推進中華民族偉大復興的今天,對於我們培育、弘揚當代中華民族精神和推動社會主義精神文明建設都有著重要的啟迪和借鑒意義。

我們在當代社會主義新型和諧社會建設事業中有必要以開放的胸懷,以批判繼承的態度從我國古代傳統的「內聖外王」文化中發掘、提煉和弘揚積極的文化基因,對其進行創造性發展和創新性轉換,重塑和昇華中華民族精神。也就是說,我們所從事的當代社會主義社會建設事業,需要我們通過對「內聖外王」思想的現代詮釋,用現代意識和眼光挖掘傳統其中的合理因素,發揚中華民族重視人格修養、崇尚治國、平天下的優良傳統,建構與現代經濟生活相適應的禮儀規範和審美情趣,並進而構建一個民主法治、公平正義、誠信友愛、安定有序的新型文明社會。

「內聖外王」之道是傳統儒家的主體精神追求,也是中華文化的特產,是中華民族在社會政治思想領域的創造,也是數千年來無數仁人志士的偉大實踐。現在,我們提倡「內聖外王」之道,當然絕不是要恢復古代的帝王政治,而是要對古代儒家的「內聖外王」之道進行創新性發展和創造性轉化。一方面要求每一個公民都要以愛國、敬業、誠信、友善的理念投身於精神文明建設。另一方面應該讓自由、平等、公正、法治成為我們國家及每一個公民的精神追求,為把我們國家建設成為一個富強、民主、文明、和諧的現代化國家而共同努力奮鬥。

《牧誓》所載牧野之戰史實考疑

張懷通

摘要： 牧野之戰經過，出土材料與傳世文獻有較多記載，為今人所熟知，但仍然有三點疑問，一是《牧誓》記載武王約束士卒作戰時為什麼「步伐止齊」？二是《華陽國志·巴志》記載巴人參加了牧野之戰，但武王在《牧誓》中歷數西方盟軍為什麼沒提巴人？三是《牧誓》所載「步伐止齊」與《巴志》所載「巴師勇銳，歌舞以凌」是否有矛盾？實際上，「步伐止齊」是武王針對軍陣作戰方式而對士卒提出的特定要求；巴人確實參加了牧野之戰，但身份是虎賁，職責是衝打頭陣，不是周人的同盟。虎賁、戰車衝殺在前，軍陣跟上掩殺，是武王在牧野之戰中採取的兩個進攻步驟，二者相互協調。

關鍵詞： 牧野之戰；《牧誓》；《華陽國志》；軍陣；步伐止齊；巴師勇銳

作者簡介： 張懷通，河北師範大學歷史文化學院教授、博士生導師，研究方向為先秦史。

牧野之戰是武王伐紂的關鍵之役，大約只進行了一天的時間，便以商人的失敗周人的勝利而結束。對此，出土材料與傳世文獻從多個角度進行了記載。例如青銅器利簋記載了牧野之戰發生在「甲子」日[註1]，《詩經·大雅》中的《大明》描寫了師尚父戰前致師時的英姿，《尚書》中的《牧誓》記錄了武王的戰前誓詞[註2]，《逸周書》中的《克殷》敘述了牧野之戰的

〔註1〕《殷周金文集成》8.4131。

〔註2〕《牧誓》是牧野之戰前武王所作動員誓詞，這是自司馬遷、《書序》、偽《孔傳》到孔穎達、蔡沈等古代學者的一致看法，然而顧頡剛等當代學者不同意這一傳統看法，認為《牧誓》是由「武舞」而來。筆者以為顧先生的主張不能成立，具體論證見下文，此不贅述。

過程〔註3〕，《華陽國志‧巴志》追溯了巴人蜀人在牧野之戰中的作為。有了這些史料的記載，牧野之戰的史實似乎較為清楚了。與稍後的周公東征等史實相比，的確如此。但是，當我們仔細閱讀這些史料，發現其所載牧野之戰史實，有的地方語焉不詳，有的地方不能相互照應，未免疑竇叢生。比如：

武王在《牧誓》中對士卒「步伐止齊」的約束，是舞蹈，還是實戰？如是實戰，反映了怎樣的作戰方式？

《巴志》記載牧野之戰中「巴師勇銳，歌舞以凌」，為什麼《牧誓》「八國」中有蜀而無巴？《牧誓》之外的西周文獻中有無巴人參戰的蹤跡？

既然記載的都是牧野之戰過程，《牧誓》的「步伐止齊」與《巴志》的「巴師勇銳，歌舞以凌」有無矛盾？若無矛盾，二者是怎樣的關係？

為了進一步廓清牧野之戰史實的真相，筆者嘗試著對以上三個疑點進行考查與論證。如有不妥之處，敬請方家批評指正。

一、「步伐止齊」考疑

《牧誓》是武王在商郊牧野與紂王決戰前所作動員誓詞，其中在歷數紂王罪狀之後、鼓勵士卒勇猛殺敵之前，有一段武王強調戰場紀律的講話〔註4〕：

> 今日之事，不愆於六步七步，乃止齊焉。夫子勖哉！不愆於四
> 伐五伐六伐七伐，乃止齊焉。勖哉夫子！

這段講話，有學者精當地概括為「步伐止齊」〔註5〕，可從。其中的愆，過的意思〔註6〕。伐，一擊一刺的意思〔註7〕。這句話的含義，鄭玄解釋為：「始前就敵，六步七步，當止齊，正行列。及兵相接，少者四伐，多者五伐，又當

〔註3〕《克殷》所載武王對於紂王及其嬖妾屍首先射後伐的處理方式，與甲骨卜辭所載商末祭禮中的射牲禮相似，因而是一篇記載有據的文獻。見裘錫圭《釋「勿」「發」》，《裘錫圭學術文集》（1），上海：復旦大學出版社，2012年。但是，顧頡剛先生認為《克殷》是一篇後人在民心決定天下得失思想指導下的構擬之作，見《〈逸周書‧世俘篇〉校注、寫定與評論》，《文史》第二輯，北京：中華書局，1963年。筆者認為，裘先生的考證有堅實的基礎，值得信賴。

〔註4〕楊筠如：《尚書覈詁》，西安：陝西人民出版社，1959年，第135頁。筆者按：個別標點，在不影響討論的前提下，間以己意。

〔註5〕李吉東：《〈尚書‧牧誓〉誓師解》，《齊魯學刊》2008年第3期。

〔註6〕蔡沈：《書經集傳》，上海：上海古籍出版社，1987年，第70頁。

〔註7〕《禮記‧樂記》鄭玄注，阮元校刻《十三經注疏》（下），北京：中華書局，1980年，第1542頁。

止齊，正行列也。」〔註8〕除了「多者五伐」似應改為「多者七伐」之外，鄭玄將「步」與「伐」分為「始前就敵」與「及兵相接」兩個階段，而且指出步伐止齊的目的是為了「正行列」，都符合《牧誓》的本意〔註9〕，因此成為後世學者理解武王這段講話的主要依據。

然而，鄭玄對這段講話含義的解釋雖然正確，但卻沒有說明武王之所以在決戰前約束士卒「步伐止齊」的原因，於是古今學者在這個問題上產生了極大的疑惑。

朱熹說：「只《牧野》中便難曉，如『五步、六步』之類。」〔註10〕劉起釪先生說：「既然是臨戰前的動員誓詞，為什麼叫戰士們只進攻六步、七步就中止，只刺六伐、七伐就停下來呢？這豈不是不叫打勝仗嗎？世界上哪有按規定走六步、七步和刺六下、七下的戰爭呢？」〔註11〕為此，學者作出了多種解釋，有代表性的是如下三種。

第一，在經學觀念指導下作出的解釋。代表學者是呂祖謙，他認為武王的軍隊是「聖人之師，坐作進退，紀律如此」，「足以見武王之恭行天罰，其不妄侵掠可知矣」〔註12〕。第二，在古史辨思潮影響之下作出的解釋。代表學者是顧頡剛先生，他認為「六步七步、四伐五伐等等都是舞蹈動作」，「周末人觀《武舞》而作《牧誓》，無意中遂以舞場姿態寫入擬作之誓師詞中」〔註13〕。

〔註8〕《禮記·曲禮上》鄭玄注，阮元校刻《十三經注疏》（上），北京：中華書局，1980年，第1250頁。

〔註9〕對於鄭玄注釋的理解，切不可過於機械。從字詞上看，步與伐是兩回事，從接戰過程看，二者有先後，從整個戰鬥經過看，二者又是難分彼此的。鄭玄的注解顯然是從前兩個方面著眼的，對於第三個方面，或鄭玄認為不必，或孔穎達沒有引全，總之沒有顯示出來。今天我們理解時應該予以補足，而不要苛責，以免在細枝末節上進行無謂的糾纏。

〔註10〕黎靖德編：《朱子語類》（五），北京：中華書局，1986年，第1980頁。

〔註11〕顧頡剛、劉起釪：《尚書校釋譯論》（第三冊），北京：中華書局，2005年，第1107頁。

〔註12〕呂祖謙：《增修書說》卷十六，《通志堂經解》，康熙十九年（1680）。筆者按：呂氏的主張由蔡沈發展而來，蔡氏說：「今日之戰，不過六步七步，乃止而齊，此告之以坐作進退之法，所以戒其輕進也。」又說：「伐，擊刺也。少不下四五，多不過六七而齊，此告之以攻殺擊刺之法，所以戒其貪殺也。」見氏著《書經集傳》，上海：上海古籍出版社，1987年，第70頁。

〔註13〕顧頡剛：《〈大武舞〉與〈牧誓〉》，《史林雜識》第二集稿，轉引自劉起釪《牧誓是一場戰爭舞蹈作宣誓式的誓詞》，《尚書研究要論》，濟南：齊魯書社，2007年，筆者按：沿著這個思路，劉起釪先生認為「六步七步、六伐七伐等等，都是舞蹈動作」，但「不是事後紀念性的舞蹈，而是戰爭開始的一場臨陣的軍

第三，在酋邦理論指導之下作出的解釋。代表學者是王和先生，他認為「之所以出現（步伐止齊）這種情況，恰恰是以血緣紐帶為基礎的方國聯軍那種各具獨立性和本部族的利益，而缺乏戰場指揮的高度統一性的反映。具有統一的指揮是打贏戰爭的必要條件，各行其是的烏合之眾是決不可能取勝的。周武王姬發恰恰是充分認識到這一點，才在誓詞中予以特別強調」〔註14〕。

這三種類型的解釋有明顯的時代性。第一種解釋基本上代表了古代學者的一般看法，其思想根源是儒家學說，存在著概念先行的缺點。第二種解釋是近代史學的產物，其特點是吸收了古今中外文化人類學的一些成果。第三種解釋代表了當代史學研究的發展趨勢，其特點是參考了最新的文明起源與國家形成的理論。這三種解釋有一個明顯的演變規律，就是從解釋「步伐止齊」出發，對《牧誓》存在的諸問題，如《牧誓》的真偽、形成早晚、來源何處、可信度高低等的研究，走過了一個肯定—否定—再肯定的邏輯過程。

檢視學者的解釋過程，筆者發現其所憑依據，無論是儒家學說，還是文化人類學的材料、國家形成的理論，都相對較「迂」、較「虛」，缺乏實證，這或是古今學者對「步伐止齊」是舞蹈還是實戰問題爭論不休的主要原因。

實際上，武王宣布的「步伐止齊」的戰場紀律，乃至於《牧誓》的內容與結構，固然較少同時代材料的佐證，但還是可以找得到稍後時代的記載類似戰爭形式的材料來進行證明。請看下面《國語·越語上》中的一段文字〔註15〕。

事舞蹈」。見氏著《尚書校釋譯論》（第三冊），北京：中華書局，2005年，第1108、1112頁。楊華先生認為《牧誓》就是《大武》舞的一個前奏曲，「表演的場地限於廟堂和宮殿，……所以在表演前要告誡扮作士卒的舞人們行進不超過六七步就停下來，刺殺不超過四伐五伐六伐七伐就停下來。同時，之所以要不斷地『齊焉』，正是由於手持干戚戈矛等舞具的舞隊，在進退揖讓，分陝復綴等變化中容易『不齊』」。見氏著《〈尚書·牧誓〉新考》，《史學月刊》1996年第5期。

〔註14〕 王和：《關於理論更新對於先秦史研究意義的思考——從解讀《牧誓》的啟示談起》，《史學月刊》2003年第4期。筆者按：李吉東先生的觀點可以歸入這個類型，李先生贊同王和先生的解釋，同時認為「伐」的意思是「叫伐」，步與伐都是「始前就敵」，是一邊前進一邊叫伐，目的是為了步伐一致，壯大聲威。見氏著《〈尚書·牧誓〉誓師解》，《齊魯學刊》2008年第3期。

〔註15〕 上海師範大學古籍整理研究所校點：《國語》（下），上海：上海古籍出版社，1988年，第637頁。

（國之）父兄又請曰：「……請復戰。」句踐既許之，乃致其
眾而誓之曰：「寡人聞古之賢君，不患其眾之不足也，而患其志行之
少恥也。今夫差衣水犀之甲者億有三千，不患其志行之少恥也，而
患其眾之不足也。今寡人將助天滅之。吾不欲匹夫之勇也，欲其旅
進旅退也。進則思賞，退則思刑，如此則有常賞。進不用命，退則
無恥，如此則有常刑。」

這段文字記載的是春秋末年越吳兩國決戰之前越王句踐的動員誓詞，其與《牧
誓》有六個非常顯著的相同點。第一，開頭的「（句踐）乃致其眾而誓之」，
說明誓詞產生的情勢，與《牧誓》開頭的「（武）王朝至於商郊牧野乃誓」的
情勢完全相同。第二，句踐指責夫差不賢，即「今夫差衣水犀之甲者億有三
千，不患其志行之少恥也，而患其眾之不足也」，與《牧誓》所載武王歷數紂
王「昏棄厥遺王父母弟不迪」等不仁不義之罪狀的情形完全相同。第三，句
踐標榜自己與吳國決戰獲得了天命，即「將助天滅之」，與武王說自己伐紂是
「共行天之罰」完全相同。第四，句踐在誓詞的最後強調「常賞」、「常刑」，
與武王在宣誓結束時強調「勖哉夫子！爾所不勖，其於爾躬有戮」完全相同。

　　相同情勢，相同氣概，相同目的，相同賞罰，於是形成了完全相同的第
五點，即對於士卒步伐止齊的嚴格約束——「旅進旅退」。旅，韋昭注「俱也」
〔註16〕，所謂旅進旅退，就是共進共退。

　　緊接著，句踐對「旅進旅退」進一步解釋道：「進則思賞，退則思刑，如
此則有常賞。進不用命，退則無恥，如此則有常刑」。進不用命，韋昭注「離
伍獨進也」〔註17〕。退則無恥，韋昭注「不畏戮辱」〔註18〕。這句話的大意
是，前進要想到賞賜，後退要想到懲罰，這樣做就會得到規定的賞賜；前進
時離開隊伍獨自突進，後退時不懼怕戮辱，這樣做就會得到規定的刑罰。

　　怯戰後退受到刑罰，很好理解。士卒個個英勇爭先，格鬥殺敵，乃至於
離開隊伍，衝鋒陷陣，不怕犧牲，怎麼也會受到刑罰呢？原因在於句踐所作
要求是針對「軍陣」這個特殊對象而提出的〔註19〕。句踐在要求士卒「旅進
旅退」之前，特地強調「吾不欲匹夫之勇」。什麼是匹夫之勇？就是貪功冒進，
單打獨鬥。這強烈地反證了句踐戰前宣誓的對象是越國的「軍陣」，而不是軍

〔註16〕韋昭注《國語》，叢書集成初編，上海：商務印書館，1937年，第231頁。
〔註17〕韋昭注《國語》，叢書集成初編，上海：商務印書館，1937年，第231頁。
〔註18〕韋昭注《國語》，叢書集成初編，上海：商務印書館，1937年，第231頁。
〔註19〕此處所謂「軍陣」特指徒兵方陣，而不是後世的火牛陣等陣法。

陣之外的其他作戰方式之下的軍隊，乃至於散兵遊勇或烏合之眾。

軍陣的戰鬥力體現在整體上。隊列整齊，士氣高昂，威風凜凜，正所謂如火如荼；步伐一致，所向披靡，摧枯拉朽，正所謂橫掃千軍。在軍陣中，匹夫之勇，俠客之氣，是沒有用武之地的。因此才有句踐臨戰前「旅進旅退」的要求，才有武王臨戰前「不愆於六步七步，乃止齊焉」，「不愆於四伐五伐六伐七伐，乃止齊焉」的約束。儘管句踐的「旅進旅退」相對於武王的「步伐止齊」有些籠統，沒有說明步伐的數量，但其精神實質則一脈相承〔註20〕。

除了以上五點之外，二者還有相同的第六點，即內容結構的完全相同：(1)交代宣誓情勢，(2)歷數敵人罪狀，(3)標榜獲得天命，(4)宣布戰場紀律，(5)嚴明賞罰。五個層次，基本對應。這種情形出現的原因，筆者推測，主要是來自相近的戰爭實踐。

以上句踐誓詞與《牧誓》的六點相同之處，向我們表明，《牧誓》中武王對士卒「步伐止齊」的約束，不是聖人之師的紀律；不是戰爭舞蹈，不論是現實中的戰爭舞蹈，還是舞臺上模擬的戰爭舞蹈；也不是擔心聯軍各懷心志，因為句踐的軍隊都是越國父兄；而是以軍陣為戰爭方式下的必然要求。以這樣的判斷為前提，我們認為，《牧誓》儘管語言相對較為通俗，但基本上是牧野決戰之前武王所作誓詞的實錄。

二、「巴師勇銳，歌舞以凌」考疑

「巴師勇銳，歌舞以凌」，是《華陽國志・巴志》對於巴人在牧野之戰中的表現的描述，其上下文是這樣的〔註21〕：

> 周武王伐紂，實得巴、蜀之師，著乎《尚書》。巴師勇銳，歌
> 舞以凌，殷人前徒倒戈，故世稱之曰「武王伐紂，前歌後舞」也。

這段文字可以分為兩個部分。第一部分講的是巴蜀兩國的軍隊參加了武王伐紂之役，第二部分講的是世傳武王伐紂前歌後舞，皆因巴師「歌舞以凌」而

〔註20〕筆者按：步伐止齊的戰場紀律，在後世也得到繼承。李靖：「周之始興……六步、七步，六伐、七伐，以教戰法」。《唐太宗李衛公問對》(卷上)，叢書集成初編，北京：中華書局，1991年，第10頁。姑且不論該書真偽，只就其是世人公認的兵書戰策的性質講，說明真正的軍事家，其見識是相近的。

〔註21〕常璩撰、劉琳校注：《華陽國志校注》，成都：巴蜀書社，1984年，第21頁。筆者按：個別文字標點，在不影響討論的前提下，間以己意。

來。對於這段記載的可靠性，汪寧生先生說：「《華陽國志》等地方文獻，有時也能保存下一些珍貴史料。它所記『歌舞以凌』，就不是後人想像之詞，因為在遠古民族戰爭中確曾存在過這樣的習俗」，「所謂『歌』，就是高唱戰歌或大聲吼叫；所謂『舞』，不過是臨陣時有人在前揮舞武器作出一種恫嚇性動作而已。……巴人所以被周人選作先頭部隊，並非因為能歌善舞，而是他們『天性勁勇』，就像景頗族兩種『兵頭』和彝族的『紮誇』那樣，適合衝打頭陣。」〔註22〕汪先生的結論是在充分參考了西南民族志等材料之後得出的，值得信任。

既然巴師參加了牧野之戰，為什麼武王在戰前宣誓時歷數參戰的「西土之人」中沒有巴人呢？請看《牧誓》的相關記載〔註23〕：

（王）曰：逖矣，西土之人！王曰：嗟！我友邦冢君、御事、司徒、司馬、司空、亞旅、師氏、千夫長、百夫長，及庸、蜀、羌、髳、微、盧、彭、濮人。稱爾戈，比爾干，立爾矛，予其誓。

其中的「西土之人」，是概稱所有參加牧野之戰的西方聯盟的軍隊；「友邦冢君、御事、司徒、司馬、司空、亞旅、師氏、千夫長、百夫長」，指的是周人自己軍隊中的來自王朝及地方的各級官員；「庸、蜀、羌、髳、微、盧、彭、濮人」，都是周人的同盟。很顯然，武王沒有提到巴人。

是否武王遺漏了巴人呢？這種情況不可能發生。與商人決戰，需要萬眾一心，宣誓時任何一個部族的遺漏，都意味著軍心的渙散，武王絕不可能犯這樣的低級錯誤。

那麼，武王為什麼不提巴人呢？對此，學者作出了多種解釋，具有代表性的是如下五種：第一，巴人包含在了「友邦冢君、御事、司徒、司馬、司空、亞旅、師氏、千夫長、百夫長」中。持此主張的學者是段渝先生〔註24〕。第二，彭人就是巴人。持此主張的學者是童恩正、鄧少琴二位先生〔註25〕。第三，濮人中包含了巴人。持此主張的學者是汪寧生先生〔註26〕。第四，蜀

〔註22〕汪寧生：《釋「武王伐紂前歌後舞」》，《歷史研究》1981年第4期。

〔註23〕楊筠如：《尚書核詁》，西安：陝西人民出版社，1959年，第132～133頁。筆者按：有些標點，在不影響討論的前提下，間以己意。

〔註24〕段渝：《試論宗姬巴國與廩君蠻夷的關係》，《四川歷史研究文集》，成都：四川省社會科學院出版社，1987年。

〔註25〕童恩正：《古代的巴蜀》，成都：四川人民出版社，1979年，第17頁。鄧少琴：《巴史新探》，《巴蜀考古論文集》，北京：文物出版社，1987年。

〔註26〕汪寧生：《釋「武王伐紂前歌後舞」》，《歷史研究》1981年第4期。

人中包含了巴人。持此主張的學者是李學勤先生〔註27〕。第五，《華陽國志‧巴志》的這段記載不可靠，「常璩當是因巴渝舞猛銳，把漢高祖時賨民之事張冠李戴，訛作殷周之際巴師以歌舞攻擊殷人」。持此主張的學者是丁培仁先生〔註28〕。

第一種解釋，段渝先生給出的理由是，「就族屬而論，宗姬巴國出自姬姓」，「巴與周為同宗之後」，「《牧誓》中沒有把姬姓之巴單獨析出加以列舉，是由於宗姬被包含在姬姓各部當中的緣故」〔註29〕。段先生立論的重要支點，就是《華陽國志‧巴志》的記載。其實《巴志》是這樣說的，「其君上世未聞。五帝以來，黃帝、高陽之支庶世為侯伯。……武王既克殷，以其宗姬封於巴」〔註30〕，是先有巴國，然後才有武王克殷後封宗姬於巴。此其一。其二，周初封建以前的巴，即使《巴志》認為是黃帝、高陽之後正確，也未必是姬姓，因為黃帝之後有十二姓之多〔註31〕。再者，《山海經》之《海內經》又有巴出於太皞的說法，而太皞是風姓〔註32〕。巴姓的異說紛紜，原因當是「巴有三姓由時代之先後而姓亦隨之改變」〔註33〕，段先生將所舉甲骨卜辭中的巴方，說成是宗姬之巴，顯然有武斷之嫌。所以段先生在誤解《巴志》的基礎上，強指西周封建以前的巴為姬姓，是周人同宗，進而認定巴人包含在武王提到的姬姓各部之中，是不能成立的。

第二種解釋，童、鄧二位先生的思路大致相同，首先以路途遙遠為由否定位於今四川盆地西緣的彭參加了牧野之戰，然後依據一些後世資料在川東、鄂西一帶尋找到「彭溪」、「彭水」，再設定居於彭溪、彭水之上的人為彭人，最後用「可能」、「推測」、「設」等詞語將彭人與活動於川東、鄂西的巴

〔註27〕 李學勤：《巴史的幾個問題》，《古文獻叢論》，上海：上海遠東出版社，1996年。

〔註28〕 丁培仁：《「巴人隨周武王伐紂」說辨疑》，《長江文明》第十輯，北京：光明日報出版社，2012年。

〔註29〕 段渝：《試論宗姬巴國與廩君蠻夷的關係》，《四川歷史研究文集》，成都：四川省社會科學院出版社，1987年。

〔註30〕 常璩撰、劉琳校注：《華陽國志校注》，成都：巴蜀書社，1984年，第20～21頁。

〔註31〕 上海師範大學古籍整理研究所校點：《國語》（下），上海：上海古籍出版社，1988年，第356頁。

〔註32〕 陳槃先生對於巴姓的考證較為詳盡，見氏著《春秋大事表列國爵姓及存亡表譔異》（上），上海：上海古籍出版社，2009年，第398～408頁。

〔註33〕 鄧少琴：《巴蜀史稿》，重慶地方文史資料組，1986年，第44頁。

人聯繫起來。這個論述過程有兩個薄弱環節，一是對於今四川盆地西緣彭能參加牧野之戰的否定，按照童先生自己所繪古代巴蜀示意圖，彭與蜀密邇相近，蜀可以參戰，彭有什麼不可以的呢？二是川東、鄂西即使有彭溪、彭水，但與彭人未必是一體，更未必與巴人有聯繫。

第三種解釋，汪先生給出的理由是「濮人之中應即包括巴人在內。左思《蜀都賦》有云：『（蜀）於東則左綿巴中，百濮所充』」〔註34〕，即巴與濮在地理分布上有重合之處。實際上，傳世文獻對於巴、濮的記載，向來分辨得很清楚〔註35〕，而且考古學成果顯示，川東、鄂西地區的距今三四千年以前的早期濮文化遺存，大都壓在巴族文化層之下，有的地方在巴人墓葬的填土中發現過早期濮文化的遺存〔註36〕，說明「四川川東地區在巴人未遷入以前，其古老居民當為濮人」〔註37〕。另外，「假使從葬制作為觀察，崖棺葬應為濮人的習俗，即《常志》所稱之『濮人冢』，那就與巴族之『船棺墓葬』顯然有別」〔註38〕。因此汪先生僅憑左思的詩家語而得出濮人中包括了巴人的結論，只能算是一種不解之解，較為勉強。

第四種解釋，李先生說是「依照常璩的理解」〔註39〕，實際上《華陽國志》前面說「巴蜀」，後面只說「巴」，不能合二為一，李先生顯然是誤解了。

第五種解釋直接否定了《華陽國志》的可靠性，於是問題本身也就不存在了。這樣做，既對傳世文獻有失謹慎，也對歷代學者的考證工作不夠尊重，顯然不可取。

梳理、辨析至此，《牧誓》中沒有提到巴人是可以肯定了。一方面是《華陽國志》確鑿地記載巴人參加了牧野之戰，另一方面是武王在《牧誓》中歷數盟軍而沒有巴人，這一矛盾怎樣解決呢？筆者認為，解決矛盾的鎖鑰在另一篇記載牧野之戰的文獻中，即《逸周書》的《克殷》篇。大家請看《克殷》對於牧野之戰開始階段的描寫：

〔註34〕汪寧生：《釋「武王伐紂前歌後舞」》，《歷史研究》1981年第4期。

〔註35〕丁培仁：《「巴人隨周武王伐紂」說辨疑》，《長江文明》第十輯，北京，光明日報出版社，2012年。

〔註36〕朱世學：《從考古材料看早期的「濮」與「濮文化」》，《四川文物》1995年第3期。

〔註37〕鄧少琴：《巴史新探》，《巴蜀考古論文集》，北京：文物出版社，1987年。

〔註38〕鄧少琴：《巴史新探》，《巴蜀考古論文集》，北京：文物出版社，1987年。

〔註39〕李學勤：《巴史的幾個問題》，《古文獻叢論》，上海：上海遠東出版社，1996年。

　　　　周車三百五十乘，陳於牧野，帝辛從。武王使尚父與伯夫致師。

　　　　王既誓，以虎賁、戎車馳商師，商師大崩。

這段引文的校讀，採納的是朱右曾的觀點〔註40〕。大家請注意，武王在宣誓之後是「以虎賁、戎車馳商師」。其中的虎賁，學者公認的解釋是「勇力之士」〔註41〕。從文字表面的意思看，這個解釋是正確的。但這個解釋缺乏深度，因為沒有從西周時代的社會結構、民族關係的角度，將虎賁的來源、身份，以及從事的職業，肩負的責任等問題講清楚。如果我們將虎賁還原到西周時代的歷史背景中去，就會發現虎賁很可能就是巴人，或者包括了巴人。也就是說，巴人此時的身份不是周人的同盟，而是聯軍的先鋒。

　　虎賁，在西周文獻與青銅器銘文中也叫虎臣〔註42〕。請看下列材料〔註43〕：

　　　　（1）《立政》：用咸戒於王曰王左右常伯、常任、準人、綴衣、
　　虎賁。

　　　　（2）《顧命》：乃同召太保奭、芮伯、彤伯、畢公、衛侯、毛
　　公、師氏、虎臣、百尹、御事。

　　　　（3）《顧命》：大保命仲桓、南宮毛，俾爰齊侯呂伋，以二干

〔註40〕朱右曾：《逸周書集訓校釋》，長沙：商務印書館，1940年，第51頁。

〔註41〕黃懷信等：《逸周書匯校集注》（修訂本）（上），上海：上海古籍出版社，2007年，第344頁。

〔註42〕裘錫圭：《說「僕庸」》，《裘錫圭學術文集》（5），上海：復旦大學出版社，2012年。筆者按：裘錫圭先生在注釋中說：「古書裏的虎賁並非全都是虎臣的異名。如《孟子·盡心》說武王伐殷，『革車三百兩，虎賁三千人』，《戰國策·楚策》說秦有虎賁之士百餘萬，就都是指士卒而言的。參看王引之《經義述聞》卷十三『虎賁』條。」仔細品味裘先生的意思，是說戰國時代的虎賁有了一般士卒的義項，與西周春秋的虎賁多由被征服的異族中的熟練掌握了射御技術的士以上貴族擔任的情況有很大不同。裘先生的劃分是正確的。在同文中裘先生論證了「庸」在西周春秋時代多是由被征服的異族人充任，而到了春秋後期庸與統治階級同族的庶人的合流已經開始，到了戰國時代則混而為一了。虎賁與庸的演變過程完全相同。為了說明虎賁在戰國時代的特點，裘先生舉了兩個例證，《楚策》中的虎賁是恰當的，而《孟子》中的虎賁則值得商榷。孟子的時代中虎賁確實指稱士卒了，但《孟子》此處所講虎賁卻是西周初年的，而且可能約引自《克殷》，因此不可混為一談。之所以出現這種情況，原因在於正文中裘先生以時代為考察線索，而在注釋中又變成了以「古書」為標準。古書中有的地方套著古書，層層疊加，錯綜複雜。裘先生在這個問題上一刀切，難免產生自相矛盾的現象。

〔註43〕顧頡剛、劉起釪：《尚書校釋譯論》（四），北京：中華書局，2005年，第1662、1712、1737頁。

　　戈虎賁百人，逆子釗於南門之外，……

例（3）中的「虎賁百人」，就是學者所說的勇力之士。例（2）中的虎臣，偽孔傳認為是「虎賁氏」〔註44〕，這是以《周禮·夏官》中的「虎賁氏」為依據而作出的注解。裘錫圭先生不僅贊同偽孔傳的解釋，並且援引西周時代管理百工的長官也稱百工的例子，進一步證明「虎賁氏就是虎臣之長」〔註45〕。例（1）中的虎賁，作為周公論述周人組織路線的對象，不可能是一般的勇力之士，而應是虎賁之長，這與例（2）共同證明，學者所持虎賁與虎臣可以互稱的觀點，是完全正確的。

　　虎賁作為勇力之士，在西周乃至春秋時代，其來源不是王的同族人，而「大概多數由俘獲或降服的夷、狄等族人充當」〔註46〕。請看下面的例證。

　　　　王呼史牆（？）冊命師酉，司乃祖啻官邑人，虎臣：西門夷、
　　秉夷、秦夷、京夷，弁□夷新。（師酉簋，西周中期，《集成》8.4288）

這段銘文的隸定與句讀，採納的是裘錫圭先生的觀點〔註47〕。在虎臣（虎賁）之下，一連列舉了五種夷人，這有力地證明了西周時代的虎臣（虎賁）的異族人的身份。

　　虎賁作為勇力之士，平時負責王的守衛。請看下面的例證〔註48〕。

　　　　王若曰：師克，……唯乃先祖考，有勳於周邦，捍禦王身，作
　　爪牙。王曰：克，……今余唯申就乃命，命汝更乃祖考，總司左右
　　虎臣。（師克盨，西周晚期，《集成》9.4467）

〔註44〕阮元校刻《十三經注疏》（上），北京：中華書局，1980年，第237頁。
〔註45〕裘錫圭：《說「僕庸」》，《裘錫圭學術文集》（5），上海：復旦大學出版社，2012年。
〔註46〕裘錫圭：《說「僕庸」》，《裘錫圭學術文集》（5），上海：復旦大學出版社，2012年。筆者按：郭沫若、王祥等先生有類似觀點，見氏著《舀叔簋及舀簋考釋》，《文物》1960年第2期；《說虎臣與庸》，《考古》1960年第5期。
〔註47〕裘錫圭：《說「僕庸」》，《裘錫圭學術文集》（5），上海：復旦大學出版社，2012年。筆者按：有些學者的標點與裘先生不同，比如黃盛璋先生認為，應該「把冒號標在邑人之下，……邑人是統括虎臣及其以下那些夷和人」。見氏著《關於詢簋的製作年代和虎臣的身份問題》，《考古》1961年第6期。這意味著虎臣與西門夷等是並列關係。鑒於裘先生的研究較深入，徵引材料較全面，論證得較充分，筆者採納了裘先生的觀點。另外，郭沫若先生認為「新」就是「薪」，類似後世秦代的「鬼薪」，即薪樵之類的賤役。見氏著《舀叔簋及舀簋考釋》，《文物》1960年第2期，筆者認為可從。但為了保持所引銘文的整體性，此處未作改動。下面所引詢簋也是如此，請讀者明鑒。
〔註48〕張亞初：《殷周金文集成引得》，北京：中華書局，2001年，第95頁。

師克繼承的是其父祖的職務，責任是保衛王，作王的爪牙，而其所率，則是左右虎臣（虎賁），這證明虎臣（虎賁）是王的禁衛〔註49〕。

虎賁作為勇力之士，戰時為王衝打頭陣。請看下面的例證。

> 王若曰：……今余令汝嗣官司邑人，先虎臣、後庸：西門夷、秦夷、京夷、𢆶夷、師笭側新：□華夷、弁狐夷，匚人，成周走亞，戍秦人，降人，服夷。（詢簋，西周晚期，《集成》8.4321）

這段銘文的隸定與句讀，採納的仍然主要是裘錫圭先生的觀點〔註50〕，只是在個別字詞方面，依據最新古文字成果，筆者間以己意。其中「先虎臣、後庸」，陳世輝、裘錫圭二位先生認為，就是虎臣（虎賁）在戰爭時充當先鋒，而庸追隨於正規軍隊之後〔註51〕。

將這三例青銅器銘文相互參照，再結合《立政》、《顧命》的記載，我們可以總結出西周時代虎賁的四個特點：勇力之士，異族降俘，擔任禁衛，衝打頭陣。

有了這樣的認識，再轉過頭來看《克殷》中與戎車一起「馳商師」的虎賁，其除了勇力之士的特徵外，還應該有異族、禁衛、衝打頭陣的特徵。牧野之戰是戰時狀態，平時擔任禁衛的特徵姑且不論，而具備異族與衝打頭陣兩個特徵的，除了巴人，我們幾乎無所求之。《華陽國志·巴志》說「巴師勇銳，歌舞以凌」，不正是衝打頭陣嗎！不正是虎賁的作為嗎！因此，我們判斷，《克殷》中的虎賁可能就是巴人，或者包括了巴人。

巴人可能是虎賁，這意味著巴人參加牧野之戰時的身份是被周人降服的異族，而不是同盟。這一點也可從周人成為天下之君後對待巴蜀的不同態度中看出一些端倪。

周人在大封建時，讓蜀人保持了獨立國家的地位，且一直延續到戰國時代的後期。相反，周人卻在巴人故地建立了一個姬姓的巴國，《華陽國志·巴志》

〔註49〕張亞初、劉雨：《西周金文官制研究》，北京：中華書局，1986年，第15頁。類似的例證還有西周晚期的許惠鼎（《集成》5.2814）和師寰簋（《集成》8.4313），可相互參考。

〔註50〕裘錫圭：《說「僕庸」》，《裘錫圭學術文集》（5），上海：復旦大學出版社，2012年。

〔註51〕陳世輝：《詢簋及弭叔簋小記》，《文物》1960年8、9合期。裘錫圭：《說「僕庸」》，《裘錫圭學術文集》（5），上海：復旦大學出版社，2012年。筆者按：陳先生認為「『後庸』或即追隨於虎臣之後的庸徒」，裘錫圭先生給予了糾正。此處筆者綜合採納了陳、裘二位先生的觀點。

云:「武王既克殷,以其宗姬封於巴,爵之以子」〔註52〕。《左傳》昭公十三年記載楚共王之妾有「巴姬」,《左傳》桓公九年記載了為與鄧修好而請於楚的「巴子」,《左傳》昭公九年記載周景王說巴是周的「南土」,凡此皆可證明《巴志》所說有充分依據。周人在封建時將巴蜀區別對待,當是為了適應其時的巴人已被周人降服而蜀人仍是一個獨立國家的實際情況而採取的政治策略。

雖然巴人與蜀人都參加了牧野之戰,但地位與作用有較大差異。一個是臣附,一個是同盟;一個是整體軍陣的先鋒,一個是軍陣的組成部分,所以《巴志》一邊說「周武王伐紂,實得巴、蜀之師」,一邊又只說「巴師勇銳,歌舞以凌」;出於同樣的原因,《牧誓》只提蜀人,而不提巴人。身份不同,作用不同,各類文獻因體裁差異,對其記載,或隱或顯,或輕或重,自然也就不同,但每篇文獻都得到了歷史某一側面的真實。只有將這些側面綜合起來,並作出合理的解釋,才能還原歷史的真相。以上對於巴人參加牧野之戰史實的考證,筆者認為,離著這個目標,庶幾近之。

三、「步伐止齊」與「巴師勇銳,歌舞以凌」關係考疑

既然巴人參加了牧野之戰,而且在戰鬥中以虎賁的身份,與戰車配合,攻打頭陣,衝擊紂王的軍隊,那麼這種情勢與《牧誓》中武王約束士卒「步伐止齊」是否有矛盾?如果沒有矛盾,二者又是什麼關係呢?

筆者認為,沒有矛盾,武王約束士卒「步伐止齊」,與「巴師勇銳,歌舞以凌」或「(武王)以虎賁、戎車馳商師」,是周人在牧野與商人進行決戰的兩個步驟,即先用虎賁、戰車衝擊敵軍,然後步伐止齊的軍陣跟進掩殺。軍陣與虎賁、戰車在戰爭中綜合使用,在《尉繚子》中有記載。

《尉繚子·兵教下》論述了「國君應掌握的十二條必勝之道」〔註53〕,涉及了車戰、徒兵作戰等多種戰爭形式,以及結營、宿衛、號令、擇將等駐軍、治軍方法。其中的第六、七、八、十一條,尤其值得注意。

六曰號別,謂前列務進以別其後者,不得爭先登不次也;七曰

〔註52〕 常璩撰、劉琳校注:《華陽國志校注》,成都:巴蜀書社,1984 年,第 21 頁。筆者按:顧頡剛先生說:「巴師從征,……可謂有大功。可是克商之後,做巴人君主的卻是周王的宗室,這也算得他們一件不幸的事啊!」見氏著《古代巴蜀與中原的關係說及其批判》,《顧頡剛古史論文集》(卷五),北京:中華書局,2011 年。

〔註53〕 《中國軍事史》編寫組:《武經七書注譯》,北京:解放軍出版社 1986 年,第221 頁。

五章，謂彰明行列，始卒不亂也；八曰全曲，謂曲折相從，皆有分部也；……十一曰死士，謂眾軍之中有材力者，乘於戰車，前後縱橫，出奇製敵也。

第六、七、八條的大意是：前列部隊進戰時，與後列界限分明，後列不得搶先突進，以免次序紊亂；用五種顏色的標記以區別行列，保持部隊始終不亂；各部隊在行動中互相聯繫，保持自己在戰鬥隊形中的位置。第十一條的大意是：從各軍中選拔有才能而勇敢的人，乘著戰車，忽左忽右、忽前忽後地出奇制勝〔註54〕。

很顯然，第六、七、八條講的是作戰紀律，內容就是約束士卒，要求其做到行列分明，步伐一致，無論在什麼情況之下，始終保持隊形的嚴整。第十一條講的是勇士乘著戰車，突擊敵陣，以配合軍陣的衝殺。

《尉繚子》之所以將軍陣作戰與勇士、戰車作戰放到一起來講，當是因為二者可以結合著來使用。《尉繚子》大約成書於戰國時代中期，這說明在戰國中期以前二者的結合早已開始。

以異族降俘充當虎賁，在人類歷史上不僅出現較早，而且在各個民族中普遍存在〔註55〕。軍陣作為主要作戰方式之一，在人類歷史上出現較早，比如大家熟知的羅馬軍陣。在中國古代，傳說中發明車戰的是商湯〔註56〕，牧野之戰中武王投入的戰車是三百五十乘，體現了戰爭發展的新態勢。商周之際，在商周兩大部族進行生死決戰時，作為軍事家的武王，在保持軍陣、虎賁等傳統作戰方式的同時，又充分發揮新興的車戰的巨大威力，應是必然的選擇〔註57〕。

綜上，牧野之戰中武王的做法可能是，先用巴人等虎賁以及戰車衝擊紂

〔註54〕《中國軍事史》編寫組：《武經七書注譯》，北京：解放軍出版社1986年，第222～223頁。

〔註55〕裘錫圭先生說：「在世界史上，奴隸制、封建制時代的大貴族，用奴隸身份的人充當親兵、侍衛，是很常見的事。周王用夷僕、夷隸保衛自己，……一點也不奇怪。」見氏著《說「僕庸」》，《裘錫圭學術文集》（5），上海：復旦大學出版社，2012年。

〔註56〕見《墨子·明鬼下》與《呂氏春秋·仲秋季·簡選》的相關記載。

〔註57〕可以作為參考的是考古發現的商代後期軍隊組織及作戰方式，「河南安陽小屯商代後期宗廟遺址前，有一群祭祀坑，埋著殉葬的士兵和車馬，是按一定的軍隊編組和戰鬥隊形排列的。前邊是三百名士兵組成的方陣，後邊是五輛戰車及其隸屬徒役組成的前三角隊形。可見當時兩個兵種還是分別編組，協同作戰的。」《中國軍事史》編寫組《中國軍事史》第三卷《兵制》，北京，解放軍出版社，1987年，第12頁。

王的軍隊，然後軍陣跟進掩殺。這是正確的戰略戰術。由此可見，「步伐止齊」與「巴師勇銳，歌舞以凌」不僅不矛盾，而且都體現了戰爭發展的規律，因此在本質上二者是協調、統一的。

四、結論

以上對於《牧誓》中的「步伐止齊」，《華陽國志·巴志》中的「巴師勇銳，歌舞以凌」，以及二者相互關係等三點疑問的考查與論證，使得我們對於牧野之戰史實的認識，在已有知識的基礎上，又增進了如下五點：

（一）「步伐止齊」是武王在牧野之戰前宣布的戰場紀律，目的是為了約束士卒在「始前就敵」與「及兵相接」時，不可貪功冒進，而要始終保持隊列的整齊。

（二）「步伐止齊」是武王為了適應「軍陣」作戰方式而對士卒作出的必然要求，與春秋末年越吳兩國決戰前越王句踐向士卒提出的「不欲匹夫之勇」、「欲其旅進旅退」的要求基本相符。人類早期歷史上的軍陣作戰方式，排斥俠客式的單打獨鬥，強調整體的力量。這證明「步伐止齊」不是各種形式的舞蹈，而是嚴酷的戰爭實踐。

（三）「巴師勇銳，歌舞以凌」描寫的是巴人參加牧野之戰時揮舞武器、高唱戰歌或大聲吼叫的情景。在牧野之戰中，巴人的角色可能是虎賁，職責是衝打頭陣。這是因為此時的巴人已經降服周人，不在同盟之列，所以武王在戰前所作動員誓詞中歷數西方八國聯盟，而沒有提到巴人。

（四）虎賁、戰車衝打頭陣，與軍陣的跟進掩殺，是牧野之戰的兩個步驟，與後世兵書所載國君的必勝之道中，一方面強調軍陣的嚴整，另一方面強調勇士、戰車對敵陣的突擊，上下一貫。前者是戰爭實踐，後者是戰爭經驗，都體現了戰爭的本質與規律。

（五）「步伐止齊」所在的《牧誓》，作為武王在牧野之戰前的動員誓詞，無論內容，還是結構，都與越王句踐的誓詞基本符合，這證明《牧誓》雖然語言較為通俗，但確是戰爭實錄。「巴師勇銳，歌舞以凌」所在的《華陽國志·巴志》，雖然成書較晚，但所載史實能與傳世文獻、青銅器銘相互印證，說明有所本。那麼，《牧誓》以及《華陽國志·巴志》的相關內容無疑都是今天我們研究商周之際歷史的重要材料。

〔國家社科基金重大項目「清華簡與儒家經典的形成發展研究」（16ZDA114）〕

兩漢《尚書》歐陽學析論

王承略、李博

摘要：歐陽學在兩漢是《尚書》官學，尤其在東漢大為昌盛。觀其經說，考其學人，探其世事，可以發現《尚書》歐陽學獲得官學獨尊的地位，原因有三。第一，經說貼近伏生原義，務實樸素，不隨意變更師法；第二，學者大多品行高尚，堅定操守；第三，歐陽學者不與新莽政權合作，自光武帝始，多令太子學習《歐陽尚書》，桓氏、楊氏等世家貴冑的學習更推動其流傳。

關鍵詞：《歐陽尚書》；經學；東漢；帝師

作者簡介：王承略，山東大學儒學高等研究院教授；李博，山東大學儒學高等研究院研究生。

《尚書》又稱《書》，是我國最為古老、同時也影響最大的文獻之一，其文本主要記錄了三代時期的政治文獻資料。起初作為歷史檔案而保存，後世因為政治、文化等原因流傳至民間，成為學子主要的學習內容。考其流佈擴大的經過，主要在東周和漢兩個時期。

西周、東周之交，王室動盪與戎狄入侵，導致政治不再如西周早期那樣等級穩固，社會階層的流動也逐漸增大，官學因此被以士階層為主要力量的學人帶到平民中間。孔子以《詩》《書》授門人，令這部塵封日久的歷史檔案流傳開來，這是《尚書》傳播的一次重要機遇。秦焚詩書，族滅以古非今者，令這部經典幾近消亡。至西漢惠帝廢挾書之令，文帝命晁錯往濟南受伏生《尚書》，《尚書》又開始被世人重視。除晁錯外，伏生還「教於齊、魯之間。齊學者由此頗能言《尚書》，山東大師亡不涉《尚書》以教。伏生教濟南張生及

歐陽生」〔註1〕。據班固《漢書・儒林傳》，歐陽生（和伯）授倪寬，倪寬授和伯子，歐陽氏世世相傳，至曾孫歐陽高被立為博士，其後又有歐陽地餘、林尊等大儒，《尚書》歐陽學影響不斷擴大。濟南張生傳夏侯始昌，始昌傳《尚書》於族子夏侯勝，勝受學始昌和倪寬門人蘭卿，成為大夏侯《尚書》；夏侯勝傳與姪子夏侯建，建受業於勝和歐陽高，自成一派，為小夏侯《尚書》。武帝時設立五經博士只歐陽一家，到元帝時確立了五經十四博士，《尚書》經加入了大、小夏侯二家。除此三家官學外，還有孔安國古文《尚書》家。今文的歐陽、大小夏侯和古文四家《尚書》在兩漢影響巨大，上至皇帝，下至布衣，皆有習之者。這是《尚書》的第二次大規模傳播。

縱觀中國歷朝，《尚書》影響最大的時期當屬兩漢，尤其是東漢。西漢早期尚以黃老道學為主流意識形態，到漢武帝時期儒家才有獨尊地位，且學者有限，不如東漢自始至終皆尊經為首，幾乎掩蓋了其他所有的學術形式，皮錫瑞《經學歷史》中將元、成至後漢稱為經學的極盛時代，他認為：宰相須用讀書人，由漢武開其端，元、成及光武、明、章繼其軌；漢末太學諸生至三萬人，為古來所未有〔註2〕，顧炎武《日知錄》所謂「光武、明、章果有變齊至魯之功」〔註3〕。而在東漢時期，《尚書》歐陽學大放異彩。東漢官學所立仍為今文經，而《尚書》中的歐陽學可謂獨佔鰲頭，與元、成時期歐陽、大小夏侯分庭抗禮的局面大不相同。《後漢書・儒林列傳》所記載的《尚書》諸儒生中，有六人為歐陽學，三人為古文學，夏侯學者僅一人。在東漢十二位皇帝中，光武、明、章、和、安、順、桓、靈八位皇帝皆學習歐陽《尚書》。可以說，歐陽《尚書》在後漢一代，八為帝師，極其顯赫，這其中的緣由，我們認為可以從經說優劣、學人學風和政治形態三個方面進行分析。

一、歐陽《尚書》經說分析

在經說方面，歐陽與大、小夏侯各自有一套不同的經說。上溯二家，雖皆出於伏生，學者言及兩漢經學也多將今文歐陽、夏侯並舉，但正如皮錫瑞所言「《書》傳於伏生，伏生傳歐陽，立歐陽已足矣。二夏侯出張生，而同源

〔註1〕班固：《漢書》卷八十八《儒林傳》，北京：中華書局1962年版，第3603頁。
〔註2〕皮錫瑞：《經學歷史》第四章，北京：中華書局1959年版，第101頁。
〔註3〕顧炎武：《日知錄》卷十三「周末風俗」，合肥：安徽大學出版社2007年版，第716頁。

伏生；使其學同，不必別立；其學不同，是背師說，尤不應別立也」〔註4〕，
皮氏之言雖意在師法，但也反映出，大小夏侯與歐陽生相比，出現了經說上
的區別，因此才被另立為學官。從師承關係上看，歐陽學更為純粹，相對來
說更能接近伏生之義，而夏侯學尤其是小夏侯學則明顯出現了背離師說的情
況，小夏侯經說「左右採獲，又從五經諸儒問與《尚書》相出入者，牽引以
次章句，具文飾說」〔註5〕，這其實已經不再是伏生所傳《尚書》的純粹經義，
而是小夏侯通過旁搜博引，形成的自身獨特的經說系統。那麼大夏侯又如何
呢？按皮氏之說，大夏侯也不再是伏生所傳的純粹經說系統，他的經說觀點
更多與小夏侯相一致，大小夏侯的不同僅在於大夏侯經說沒有繁瑣的章句解
釋，而小夏侯則文辭繁富。理由在於，大夏侯認為夏侯建「所謂章句小儒，
破碎大道」，小夏侯認為夏侯勝「為學疏略，難以應敵」〔註6〕。大、小夏侯
之所以能在元帝時期被立為博士學官，是因為與原來的《尚書》博士經說出
現了異義，小夏侯是繼承了大夏侯經說的，即說明至遲從大夏侯開始，經說
就已經與先前有所不同，小夏侯為了完善這種異義，令自身經說系統能禁得
住原《尚書》博士的批駁，開始左右採獲，文飾經說。因為經說不同，且大
小夏侯能自圓其說，因此亦得立博士學官。但事實上，大小夏侯雖提出了另
外的見解，且其說法沒有被駁倒，但相較歐陽《尚書》經說而言，他們距《尚
書》本義的距離更遙遠，而媚俗的特點越來越重。隨著時代的變更，歐陽經
說依舊大體保持了自身的解說系統，社會雖變，但對《尚書》本義的需求不
變，而夏侯經說則逐漸不再適應社會的需求，到東漢時期，經說系統徹底被
歐陽學碾壓。

　　對比來看，歐陽學的經說更偏重務實，風格更為樸素，而大、小夏侯則
更多的對經義進行了附會解說。根據現存今文《尚書》經說記載，試舉數例
說明之。如《堯典》云「百姓昭明，協和萬邦」，王充治歐陽《尚書》，謂「萬
邦」言堯之德大，萬為虛數。而夏侯經說則認為中國萬里，畫墅分州，得百
里之國萬區〔註7〕，萬為實指。夏侯此說，意欲強調中國地域之廣，古聖王美
德之化，但於《尚書》本義解讀頗顯勉強，經說水平未增反削。又如《舜典》
「納於大麓，烈風雷雨弗迷」，對於「大麓」的解說，歐陽、夏侯有所不同，

〔註4〕皮錫瑞：《經學歷史》第四章，北京：中華書局1959年版，第101頁。
〔註5〕《漢書》卷七十五《夏侯建傳》，第3159頁。
〔註6〕《漢書》卷七十五《夏侯建傳》，第3159頁。
〔註7〕語見《漢書》卷二十八上《地理志上》，第1523頁。

歐陽說見於《史記》，亦同於《尚書大傳》，謂「大麓」為山麓。而大、小夏侯則訓「麓」為「錄」，謂「大麓」為大錄萬機之政，而烈風雷雨當作災異言之。西漢災異學說甚盛，但伏生時期尚未流行，此處夏侯學自為經說加以附會的痕跡較為明顯，歐陽經說則更為質樸合理。

此外，歐陽經說較之夏侯經說更為簡潔。兩漢經學發展的基本走向之一是，經說由簡至繁再由繁至簡。經說內容豐富自然可以完善自身的解說系統，但同時也帶來了皓首不能窮一經的問題，當時的學者對此不無批評。而由簡至繁首當其衝的便是小夏侯經說，正如前文所言，夏侯建為了完善自身經說，保其不被別家駁倒，便左右採獲，導致其自身經說極為繁複。夏侯建的做法被小夏侯後學繼承並發揚，導致小夏侯學「說《堯典》篇目兩字之說至十餘萬言，但說『曰若稽古』三萬言」〔註8〕。而這種為辯論而粉飾經說的做法對於學習的人來說是十分痛苦的，於是就導致東漢經說尚簡的出現。就《尚書》一經而言，以歐陽學最為明顯。歐陽學在西漢時期為了應對現實需要，也更加了經說的內容，但在意識到經說過於繁雜的問題後，多次自覺地進行了刪減，其中表現突出的是桓榮、桓郁父子，據《後漢書·桓榮列傳》：「榮受朱普學章句四十萬言，浮辭繁長，多過其實。及榮入授顯宗，減為二十三萬言。郁復刪省定成十二萬言。」〔註9〕歐陽經說的刪減在東漢適應了時代的需要，此其長於大、小夏侯經說者，非止一端。

二、歐陽《尚書》學人學風分析

學人學風主要由經師及相關學者所體現，在這一方面歐陽學與大、小夏侯學也有所不同。據《漢書·儒林傳》《後漢書·儒林列傳》及其他傳記、清畢沅《傳經表》等相關史料，製作歐陽、大小夏侯學師承關係表如下：

〔註 8〕《漢書》卷三十《藝文志》顏師古注引桓譚《新論》，第 1724 頁。
〔註 9〕范曄：《後漢書》卷三十七《桓榮列傳》，北京：中華書局 1965 年版，第 1256 頁。

夏侯學師承關係表

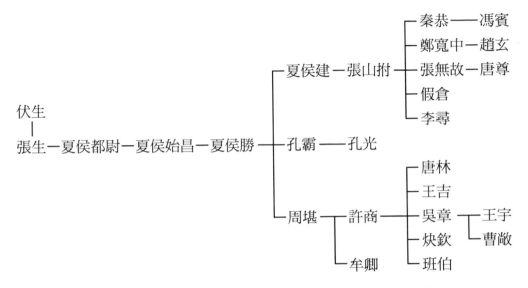

師承關係不明者：牟融習《大夏侯尚書》，王良習《小夏侯尚書》。

歐陽學師承關係表

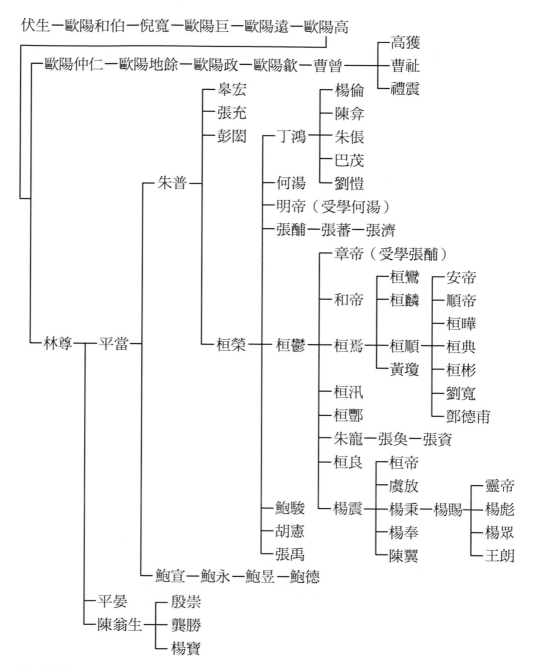

伏生─歐陽和伯─倪寬─歐陽巨─歐陽遠─歐陽高

歐陽仲仁─歐陽地餘─歐陽政─歐陽歙─曹曾
　　　　　　　　　　　　　　　　　　高獲
　　　　　　　　　　　　　　　　　　曹祉
　　　　　　　　　　　　　　　　　　禮震

師承關係不明者：漢光武帝、牟長、尹敏。

　　由此二表可以看出，夏侯學主要在西漢較為活躍，到東漢後基本沒有聞

名的經師，而歐陽學則在西漢流傳有限，東漢則開始大為昌盛，尤其是在以
桓、楊二氏為代表的官員、世家大族中傳播甚廣。歐陽學的經師除桓曄這類
不願為官者，其他大多在朝中身居要職，這既是歐陽學在東漢興盛的表現，
亦是原因之一。茲就三個學派的學人學風進行簡要分析及評論。

　　大夏侯學的學者主要代表人物為夏侯勝、周堪、孔霸、許商、唐林、王
吉。夏侯勝是大夏侯學的開創者，他雖上承伏生一脈，但傳至勝之時，經說
已然有所變更。夏侯勝先從夏侯始昌學，後又事蘭卿學歐陽學，頗為擅長《洪
範》及災異之說，為人質樸守正，簡易亡威儀〔註10〕。可見夏侯勝不僅學問
深厚，品德也十分高尚。其後學夏侯建自為小夏侯學，周堪、孔霸及其弟子
則遵循師道為大夏侯學。許商受於周堪，授之唐林、吳章、王吉、炔欽，按
《漢書·儒林傳》：「商善為算，著《五行論曆》，四至九卿，號其門人沛唐林
子高為德行，平陵吳章偉君為言語，重泉王吉少音為政事，齊炔欽幼卿為文
學。」〔註11〕可以得見，許商附會孔門四科，將弟子分別對應德行、言語、
政事、文學。再觀其弟子，「王莽時，林、吉為九卿，自表上師冢，大夫、博
士，郎吏為許氏學者，各從門人，會車數百輛，儒者榮之」〔註12〕，在新莽
政權裏聲名地位較高。

　　小夏侯學的學者主要為夏侯建與張山拊及其門人。夏侯建增飾經說以應
對辯難，從而在元帝時期得立博士學官，有博而不正之嫌。其後學對經說之
增補愈演愈烈，據《漢書·儒林傳》「（張）無故善修章句」、「（秦）恭增師法
至百萬言」〔註13〕，似乎小夏侯學一脈，並不注重謹守師法，而是以不斷增
加師法、完善應對辯論為宗旨。另小夏侯學的經師也與王莽關係密切：唐尊
出任王莽太傅，維護王莽，這在兩漢之交為許多學者所不恥。又《漢書·鮑
宣傳》云「唐尊衣敝履空，以瓦器飲食，又以歷遺公卿，被虛偽名」〔註14〕。
可見夏侯學的學人學風存在一定問題。

　　歐陽學的經師於西漢之時傳者寥寥，基本在歐陽氏家族內部傳授。西漢
主要以歐陽和伯、歐陽地餘、龔勝、鮑宣等人為代表，東漢則主要體現在桓、
楊二氏。歐陽和伯受學於伏生，為《尚書》歐陽學奠定基石，歐陽地餘則是

〔註10〕《漢書》卷七十五《夏侯勝傳》，第3158頁。
〔註11〕《漢書》卷八十八《儒林傳》，第3604、3605頁。
〔註12〕《漢書》卷八十八《儒林傳》，第3605頁。
〔註13〕《漢書》卷八十八《儒林傳》，第3605頁。
〔註14〕《漢書》卷七十二《鮑宣傳》，第3095頁。

歐陽學在西漢時期地位最為顯赫者，為宣帝博士、太子中庶子，元帝侍中、少府，為人清廉、品德高尚，其將死時告誡兒子說：「我死，官屬即送汝財物，慎毋受。汝九卿儒者子孫，以廉潔著，可以自成。」〔註15〕除歐陽地餘外，歐陽學的其他學人也大多能夠克己修身。龔勝受學陳翁生，鮑宣受學平當，此二人皆好學明經，居諫官多有進言。

　　東漢歐陽學譬如桓氏之桓榮，深明經術卻為人謙遜，《後漢書·桓榮列傳》記載：

> （光武）帝即召榮，令說《尚書》，甚善之。拜為議郎，賜錢十萬，入使授太子。每朝會，輒令榮於公卿前敷奏經書。帝稱善。曰：「得生幾晚！」會歐陽博士缺，帝欲用榮。榮叩頭讓曰：「臣經術淺薄，不如同門生郎中彭閎，揚州從事皋弘。」帝曰：「俞，往，女諧。」因拜榮為博士，引閎、弘為議郎。〔註16〕

桓榮雖受到皇帝褒獎卻並未驕矜，反而推舉彭閎、皋弘。《後漢書》謂其「溫恭有蘊藉，辯明經義，每以禮讓相猒，不以辭長勝人，儒者莫之及」〔註17〕。其子桓焉傳其家學，敦厚篤學，品質亦不在其父之下，《後漢書·桓郁列傳》記載「榮卒，郁當襲爵，上書讓於兄子汎，顯宗不許，不得已受封，悉以租入與之」〔註18〕。桓氏後人桓焉、桓典等皆篤學明經、著名於世之人。東漢《尚書》學的另一大族楊氏的學風人品也頗為良正。楊氏的歐陽《尚書》學始於楊震，震自幼篤學，受歐陽《尚書》於太常桓郁，明經博覽，無不窮究〔註19〕。儒生謂之曰「關西孔子楊伯起」，少不入仕，年五十才出任州郡官職，可見其學識與為人。中子楊秉自幼傳承父親學業，博通《書》《傳》，且兼明《京氏易》。楊秉為官廉潔，喪妻不復娶，以淳白稱。楊氏後人楊賜、楊彪皆傳家學，篤志博聞。曹丕代漢後欲以楊彪為太尉，彪以漢三公自居，堅辭不受。《後漢書》謂「延、光之間，震為上相，抗直方以臨權枉，先公道而後身名，可謂懷王臣之節，識所任之體矣。遂累葉載德，繼踵宰相。信哉，『積善之家，必有餘慶』」〔註20〕，誠哉范蔚宗之論也！

〔註15〕《漢書》卷八十八《儒林傳》，第3603頁。
〔註16〕《後漢書》卷三十七《桓榮列傳》，第1250頁。
〔註17〕《後漢書》卷三十七《桓榮列傳》，第1250頁。
〔註18〕《後漢書》卷三十七《桓郁列傳》，第1254頁。
〔註19〕《後漢書》卷五十四《楊震列傳》，第1759頁。
〔註20〕《後漢書》卷五十四《楊震列傳》，第1791頁。

西漢後期，歐陽學經師雖然受小夏侯學的影響，也開始出現增加經說的現象。朱普為《尚書章句》四十萬言，牟長的《尚書章句》亦有四十五萬言之多。但自朱普弟子桓榮就開始不斷對歐陽《尚書》經說進行刪簡。桓榮受朱普學章句四十萬言，以為浮辭繁長，言過其實。及榮入授顯宗，減為二十三萬言。郁復刪省定成十二萬言。由是有《桓君大小太常章句》。可見歐陽《尚書》的後學們能夠適應時代的需要，及時對經說進行修訂，較之夏侯學為善。由歐陽學的學人經師可以看出，歐陽學的學風普遍是嚴謹的，學人大都是博文篤志、品德高尚的。這種積極的學人學風為歐陽尚書學在東漢的大盛提供了重要的助力。

三、東漢《尚書》學與政治的關係

《尚書》包含了典、訓、謨、誥等八種文體，在某種程度上可以說是先秦詔令政書的總集，與政治關係十分密切。漢代盛行的災異學說也與《尚書‧洪範》緊密聯繫，因此，將《尚書》學視為政治學也未言過其實。而東漢一朝的學術走向是上承西漢和新莽的，東漢雖然是推翻新莽政權而建立，但由於歷史潮流的推進和學術發展的需要，東漢的經學又在一定程度上對新莽有所繼承，因此東漢的經學發展與西漢、新莽的關係較為複雜。這其中的政治立場原因，在東漢《尚書》學發展過程中扮演了非常重要的角色，甚至絲毫不亞於歐陽學經說和歐陽學學者所起到的作用。

西漢《尚書》官學有歐陽、大小夏侯三家，除此之外還有影響力稍遜的《古文尚書》。至王莽執政時期，為給自己將來代漢製造理論支持，王莽支持推崇古文經說的劉歆，提高《古文尚書》《毛詩》《周官》《春秋左傳》等古文經的地位。但作為長久以來官學的今文經，影響力仍遠在古文經之上，王莽也並不能隨意將其打壓，因此他選擇了合作的方式，依然承認今文經的官學地位、設立博士學官。這就令諸經博士分成了兩派：一派出仕新莽朝廷，選擇與王莽合作，這一派主要代表是大小夏侯《尚書》學派和齊《詩》學派；另一派則歸隱山林、拒絕出仕，不合王莽合作，其代表為歐陽《尚書》學派和魯《詩》學派等。

如上一節所提及，大小夏侯《尚書》學的經師有許多在王莽統治時期擔任重要官職。在王莽的統治時期，許商的弟子唐林、王吉擔任九卿，吳章、炔欽擔任博士，孔光兄長之子孔永出任大司馬，受封侯，此為大夏侯《尚書》

學與王莽合作者。小夏侯《尚書》學中，唐尊擔任王莽太傅。地皇四年，綠林軍攻入長安，唐尊與王邑父子、王巡、王盛等共護王莽於漸臺，後被殺死。可見在王莽時期，大小夏侯《尚書》學中較為重要的學者大多與王莽合作，出任新朝官職。而歐陽學的經師們則大多選擇辭官不就，如龔勝、鮑宣。王莽為了維護統治，命令州郡網羅罪法誅殺豪傑及忠於漢室不服新朝者，鮑宣因此被處死。龔勝的氣節更勝鮑宣，可謂一時之表率。據《漢書‧龔勝傳》的記載，王莽代漢後，先派使者送去酒肉慰問龔勝，後又以講學祭酒、太子師友祭酒等位列上卿的職位多次拜請，賞賜不可謂不厚，禮節不可謂不重。但龔勝心存漢室，推辭病重，始終不接受任命。王莽所派使者每過五日便與太守一同來探望、勸說龔勝，龔勝見無法推辭，只好明言相告以絕王莽之心，其謂使者：「吾受漢家厚恩，無以報，今年老矣，旦暮入地，誼豈以一身事二姓，下見故主哉？」說完絕食十四日後逝去。南宋著名愛國詩人謝枋得有詩稱讚龔勝：「平生愛讀龔勝傳，進退存亡斷得明。只願諸賢扶世教，餓夫含笑死猶生。」又有牟長，不詳師承，自幼習歐陽《尚書》學，不仕王莽。至建武二年出任博士，遷為河內太守。桓榮在王莽篡位後返回家中歸隱，直至建武十九年才接受徵辟至大司徒府。

不過，歐陽《尚書》學者也並非清一色不仕王莽，歐陽地餘的少子歐陽政就選擇了與新莽合作，擔任講學大夫。歐陽歙亦出任長社宰。但總的來說，歐陽學大多不仕王莽，忠於劉漢。相較之下，非歐陽氏的歐陽學者更多人拒絕服從王莽。正由於此，東漢時期的歐陽學經師幾乎很少見歐陽氏，反而以桓、楊二氏為主。可見與新莽合作與否關係到學派在東漢的發展，我在《論〈齊詩〉學派與王莽的關係及其在東漢的命運》一文中也論證了與王莽合作的《齊詩》在東漢朝逐漸沒落，而與之相對、拒絕出仕王莽的《魯詩》則十分昌盛。《春秋公羊傳》顏氏學仕於新莽，嚴氏學不仕新莽，至後漢二者地位亦相去甚遠。因此，《尚書》歐陽學在東漢官學獨尊、八為帝師，與拒絕王莽有重要關係。

《尚書》歐陽學在東漢大昌，除與不仕王莽有關外，亦與經師的政治地位有關。中國自古以來就有以吏為師的傳統，而某些用心不良、阿臾奉承之徒更加精於此道，這就形成了一種上行下效、蕭規曹隨的普遍現象。東漢自光武帝始就重視歐陽學，建武十九年，光武選劉莊為太子（即漢明帝），選求明經之士教導太子，於是提拔豫章人何湯為虎賁中郎將教授《尚書》。光武后

見何湯之師桓榮，榮說《尚書》甚善，於是拜其為議郎，賜錢十萬，令其授太子。太子劉莊登基後，對桓榮十分尊重，又令桓榮之子桓郁教授皇太子劉炟（即漢章帝）。桓郁後又授漢和帝，備受恩寵，賞賜前後數百千萬，聲名顯赫。門人楊震、朱寵，都官至三公。桓郁孫桓順又授業於漢安帝、漢順帝。桓郁門人楊震教授漢桓帝。桓順門人、楊震之孫楊賜授業漢靈帝。自光武帝後，歐陽學桓、楊二氏就與東漢諸帝關係緊密，幾乎所有皇帝在位時，大都命歐陽學大儒來教導太子《尚書》。這種往來授受的關係，也令東漢諸帝接受《尚書》歐陽學，並對天下學子產生重要影響，加之桓、楊二氏為世家大族，《尚書》歐陽學的影響力愈加龐大，形成了官學獨尊的局面。歐陽學在東漢鼎盛一時、八為帝師，與此有著直接的關係。

結語

綜上，《尚書》歐陽學在經說方面更接近於伏生所傳，實事求是，務實樸素，更貼近經文本義，較之偏離師說的大夏侯和為立學官而大肆繁飾的小夏侯更勝一籌；經師及學風方面，歐陽學者大多能做到為人嚴謹，篤志好學，堅持操守，必要時對經說進行凝練簡化以適應社會和學界的需要；政治方面，歐陽學大多拒絕與新莽政權合作，忠於漢室，受到東漢統治者的青睞，並命經師以此教授繼位者，使得《歐陽尚書》自始至終為帝王學，同時桓氏、楊氏等世家大族也多研習《歐陽尚書》，為其在東漢學界的影響增添了分量。

由於書籍的散佚，《尚書》歐陽學的經說已經難以見其全貌，這樣一部能在經學大昌的東漢時期出類拔萃、遠超別家的經說章句，其價值可想而知，其散佚愈加可惜。其興盛的過程，為學說、學派的發展，給予一定的啟示：任何一種學說或學派的昌盛，需要有適應現實的合理學說，德才兼備、足以服眾的學者，以及政治、經濟等推動力。東漢《尚書》歐陽學，正是基於此三個原因而得以大興。東漢末政權動盪，社會混亂，歐陽學不再具備政治影響力，學者也日漸式微，最終趨於湮沒，既符合歷史選擇，也未跳出上述規律。

黃侃經學述論

司馬朝軍

一、黃侃的經學工夫

黃侃畢生研習小學，堪稱專門。但他對於經學根底不深，1919 年才拜劉師培為師，沒有幾個月，劉就去世了。黃侃本人此後雖然也溫習經學，但沒有升堂入室，仍然停留在章句之學的淺層次上，死守漢唐舊疏，對經學義理闡發得甚少。黃侃畢竟還只是一個經生，還不是一個經學家。「章句小儒，破碎大道」，黃侃亦不能辭其咎。下面我們還是按照五經順序略加梳理。

（一）黃侃的《周易》研習

1912 年，病中讀王輔嗣《易略例》有作：

> 貞觀實誼已，樂道可忘年。伊人聖哲姿，妙齡撢太玄。神解會眾理，何為絕韋編？兼資費馬術，遠過虞鄭賢。貞一有宗主，通變無拘牽。象類既以昭，情偽徒紛然。惜哉殆庶才，降年劣顏淵。夭壽信不貳，彭殤豈相懸？外物固難必，積善宜無愆。自愧寡昧資，立志苦不堅。晚學迷徑路，窮居迫憂煎。寸陰苟可留，要道庶能研。悲來思復陽，抑慮觀前篇。

黃侃日記中溫習《周易》的條目不多，主要有：

> 1922 年 1 月 10 日：（所）〔取〕《易》王《注》、孔《疏》與李道平氏（字遠山，德安安陸人）《周易集解纂疏》互看，並得王《注》鈔於書眉。李書因惠〔棟〕、張〔惠言〕而成，已言於例中，雖疏中不細為楬櫫，亦不疑於剿襲也。惟引書不辨雜偽，又好為駢語華詞，

是其一累。至不達《注》意而失《疏》，亦間有之。要之，吾鄉治漢《易》者，未有能過李君者也（長沙有刻本，則為一湖南人肆意改竄矣）。李著作書，雖云「刊輔嗣之野文」，然又云其《略例》得失相參，故仍附經末（今《集解》本不載《略例》）。然則，注本於例，亦當得失相參，而著作取之過略，何也？王行來已久〔註 1〕，其注《易》，誠為過遺象數，並卦變、互卦而亦廢之（卦變尚未能盡廢，見昨記）。又好雜老、莊，好推論人事，此是可議。然其學本出馬融、劉表，非由杜撰。虞、荀並引老聃（鄭注《禮運》已引《老子》），令升泛傳往籍，既皆無戾，何以責王？故余全錄其文，以備參驗，非謂輔嗣必可專信，亦豈不勝於侯果、崔憬之為乎？

1922 年 1 月 13 日：夜，翻王伯厚輯《周易鄭注》，序稱輔嗣注《睽》六二曰：「始雖授困，終獲剛助。」《睽》自動至五成《困》，此用互體也。案：弭襲前儒之說至多，不必定須言互體。至王氏此條則甚誤。《睽》六二無此注，而九三有其文，一誤也。原文作「受困」，以釋經之「無動」，非作「授」，而以為互困，二誤也。初自二至五有節象，非困象；即云困象，亦不可云互體，三誤也。率然信用以譏輔嗣，則誤而又誤矣。

夜校《易》，更佐以孫、袁二書，訖《蒙·象傳》。孫書至便翻尋，惜多錯訛，又《正義》所引前世疏家褚氏、莊氏、張氏之倫，並從搴採。然則，何不並載孔《疏》也（李著作書，則王、孔並在，所採故無可議）。

1922 年 4 月 13 日：於案上翻思賢講舍復位李遵王《周易集解纂疏》王先謙、陳寶彝序。余以為遵王書自必傳。寶彝必以為有疵類，不妨別作糾繆，無勞因儳筆削，使李書失其本真。寶彝事類操戈，名偏附驥，殊可忿也！至王君譏遵王不應以漢學解《兼義》，不悟王、韓、孔固有陰用舊說者。遵王特為疏通證明之，使人知王學與偽圖臆說畢竟有別。良工心苦，王君非之，何乎？〔註2〕

1928 年 1 月 23 日：閱《易集解·困卦》，悟「迭困」之義。

〔註 1〕江蘇教育本有程千帆案語：「來字疑誤。」今按：「行來」成詞，不誤。
〔註 2〕此段日記載《華國月刊》1924 第 2 卷第 5 期。

1928 年 11 月 23 日：始寫《易經》。

1928 年 12 月 4 日：抄《易經》記卷一。恭讀先著《學易淺說代問錄》。

1929 年 1 月 9 日：更定課：日讀《周易注疏》兩卷，讀《集解纂疏》、孫氏《集解》，先公《易注》皆隨《注疏》為程。

1935 年 7 月 30 日：臥看《周易經疑》〔註3〕。

根據上述材料，可見，我們很難判斷黃侃在《周易》方面的深淺程度。《易》學文獻浩如煙海，多達三千種以上，而黃侃閱讀的極為有限，僅寥寥數種，難以顯示其功力。

（二）黃侃的《尚書》研究

黃侃對《尚書》下過較多的苦功：

1922 年 1 月 26 日：令華兒借得《尚書孔傳參正》（凡卅六卷，光緒卅年虛受堂刊）六冊來。閱《尚書孔傳參正》序目，自《史》、《漢》、《論衡》、《白虎通》諸書，迄於熹平石經，可以揮發三家經文者，採獲略備；兼輯馬、鄭傳注，旁征諸家義訓，間下己意，仍用《偽孔古文經傳》元文（此最得法，與孫星衍之《周易集解》錄王《注》同意）。末署甲辰八月，蓋益吾晚年之書。其書左袒今文，又謂今文有序，又注中好定某者為今文，某者為古文，多不足據，蓋輯段、孫、江、王、陳諸家之說以成。益吾平生著作，皆是此類（引皮鹿門說甚多，皮固稱今文家者）。

1922 年 1 月 27 日：王書不唯強分今古，史公一人之說，忽今之、忽古之。此一蔽也。《孔傳》雖似王子雍所為，而經文訓故必不敢為大傀異，以啟世之疑，故今日考此經於古今文俱無徵、無說者，毋寧即用《孔傳》。乃不悟此，而用後人之說（如月正、元日、食哉、惟時、惠疇，皆別採清人之說）。豈王肅反不如後世無師之流乎？此二蔽也。又執單文而譏《孔傳》。以《說文》引「時惟懋哉」，而云孔用今文（《史記》亦非今文，王說殊固）……不知書籍流傳，自多

〔註3〕《周易經疑》，元涂溍生撰。溍生字自昭，宜黃人。邃於《易》，三上春官不第，為贛州濂溪書院山長。著有《四書斷疑》、《易義矜式》行世。《周易經疑》收入《宛委別藏》、《續修四庫全書》。

岐互，何淺人之不憚煩而屢改古籍耶？此清世校勘家之大失也，王亦同之，三蔽也。若夫校勘不精，其責不在著者……此種書徒以繁稱博引嚇儉陋之夫，以榮今虐古，閉樸學之喙，則亦毋庸深贊矣。

1922 年 1 月 29 日：《尚書》曰：「毋曠庶官。」曠，空；庶，眾也。毋空庶官，實非其人，與空無異，故言空也。閱《書》，訖《皋陶謨》。

1922 年 2 月 4 日：前儒有謂《古文尚書孔傳》出王肅，實有不盡然者。如前舉日月星辰孔義，及粉米黼黻孔義，皆不同王肅矣。《禹貢》：「徐州厥土赤埴墳。」孔曰：「土黏曰埴。」而王同鄭作戠，同讀為熾（見《釋文》）。此傳不盡同王之明證，而皮錫瑞乃云《孔傳》多襲今文，由王肅兼通今文，惟此則不可解。疑皇甫謐輩又間有竄亂，或肅故為參差。侃以為疑事無質。《孔傳》雖偽，毋為蔽罪子雍。……僅治《尚書》，已達丁夜。駑胎之姿〔註4〕，復避驅策，何年克達所屆耶？

1928 年 6 月 15 日：翻皮錫瑞《今文尚書考證》，頗有臆說，未為良書也。

1928 年 10 月 6 日：點《魏文》二十三、四卷（王子雍文，不似偽造《尚書》手筆）。

黃侃認為：「《書經》最難解釋。」他多次為學生講授《尚書》。其《講尚書條例》曰：

今《尚書》，除二十八篇外，皆偽書，已無待論。然亦出自魏人；故就文、義而論，仍有可取。且其採摭豐富，語有根依，精理雅言，在在皆是。故今之講授，仍兼偽書。

《尚書》師說，至今皆殘闕不完，惟有《孔傳》獨在。《孔傳》偽託之人，或云王肅；假使真出於肅，肅善賈、馬之學，其說必本於賈、馬者多。且作偽必有據。無據而作偽者，其書定偽，如明人之《子貢詩傳》、《古三墳》、《天祿閣外史》之流是也。有所傍而作偽者，其偽中勢必雜真；以非此不足以欺世故也。今謂偽《書》自

〔註 4〕程千帆案：「胎當為駘。」今按：「駑駘」即下乘劣馬，與「壯馬」相對。而「駑胎」亦見於載籍，如元劉因《靜修集》卷二《和雜詩》：「日食百馬芻，足有萬里塵。乃知一駿骨，可百駑胎身。」

不可據，而偽《傳》則過半可從；與其信後人臆說，何如偽《傳》尚為近古乎？今講授以偽《傳》為主，參稽他說，定其從違。

《尚書》有今、古文之分，而甚膠葛難憭。今文無序，獨古文有之，古文說即從此出；而世之崇今文者，乃稱今文有序，並駁古文《書序》。此宜理董者，一也。史公從孔安國問故；遷書所載《堯典》諸篇，多古文說，此見於《儒林傳》者。然《史記》之說，實不盡同古文，而或者遂謂《史記》皆今文。此宜別白者，二也。鄭注《古文尚書》，號為古文，而每用今文說；又今文自有說，鄭又廢之；以是考其依據，頗為不易。此宜分析者，三也。王肅為好駁鄭之人，而所操之術，則與鄭類；故常有陰主今文以駁鄭者；然《孔傳》亦不純為古文。此宜核實者，四也。至如文字訓故，小有異同，既於大義無傷，不足齗齗爭說。

古人詞言之情，自與今異。觀《史記》以訓詁代經字，王莽《大誥》準的《周書》，驟讀之，往往有不詞者；豈漢世之儒獨不諳文律哉？亦以古人之文非可以後世文法求之。且今釋經文專用魏以前舊說；語詞句度固自有例可尋，不必以後儒之說剖休文句也。說經分例，大抵可析為事、制、文、義四端。今之所急，惟在文、義；至於事、制，詳言之，若文王之稱王，周公之攝政，《禹貢》山川，《洪範》災咎，一為覼縷，更僕難終；止可粗誦師說，略表異同而已。

治《尚書》，可以三意求之：一、求其文字，以考四代之文章；二、求其義理，以考舜以來、孔子未生以前倫紀性道之說；三、求其事制，以為治古史之資糧。則二十八篇為用弘矣。神州故籍唯此最先，懷古之儒曷可不於此留意也？

他主張「求其文字，以考四代之文章；求其義理，以考舜以來、孔子未生以前倫紀性道之說；求其事制，以為治古史之資糧」，這是他研究《尚書》的經驗之談，值得重視。

1930 年 10 月 6 日，黃侃從佚文角度論《古文尚書》：

《古文五子之歌》：「覆宗絕祀。」而張超《誚青衣賦》云：「有夏取仍，覆宗絕祀。」豈四字本逸篇語如《鄭志》引《周官》之流耶（四字他無所見）？又《胤征》：「玉石俱焚。」陳琳、鍾會兩有玉石俱碎之文，未知出何古籍（劉琨、袁宏用古文）。威克厥愛二語，

與《左傳》吳公子光語同意。王氏謂《左傳》乃臨敵制勝之詞，非如偽《尚書》所云。殆忘其書有承命徂徵之文矣。

同日，又撰《禹貢地名噴隱表》。後記云：「右表隨手編次，暇日當遍檢《禹貢》、《漢志》、《水經注》諸家考訂之書，詳正之。」後來興趣轉移，也就不了了之。

1930 年 10 月 12 日，黃侃與潘重規、黃念容書，論《古文尚書》作偽者迄不能確定，函云：

> 長夏一心讀史，遂無餘暇……昨得甥書詢孔氏尚書源序，此書作偽，迄不能定其為誰，似言出於鄭沖者近之。近覽《武成》篇題下疏，知昔儒非不疑古文之偽，特不敢訟言耳。〔註5〕

章太炎將《尚書》作偽者定為鄭沖，1925 年 4 月 4 日《與吳承仕論尚書古今文書》云：「昨覆書以偽古文為鄭沖所作，似可決定。」其說詳見《華國月刊》第二期第七冊。黃侃所謂「似言出於鄭沖者近之」，對於章說有所保留，並非完全接受。

（三）黃侃的《詩經》研究

黃侃認為：「《詩經》最難句讀。」他從小就熟讀《詩經》，後來多次講授《詩經》，日記中涉及《詩經》的地方甚夥，例如：

> 1927 年 12 月 7 日：講《毛詩》，以牟廷相《詩切》中諸妄說錄示學士，俾知今日新學小生率臆說經之不足為奇，祇足為戒。

1935 年 2 月 15 日，黃席群、閔孝吉記《量守廬請業記》，他由《詩經》談起，遍及治群經之法：

> 《毛詩》分經、傳、箋、疏四種。若單就本文任意解說，可人持一說，人生一意。如近人以「寢廟」為「寢室」，是執今意以解古人之文字，未有不荒謬絕倫，令人噴飯者。詩所以可以言，蓋在立言有法，非任性言之也。毛《傳》之價值，的等於《左傳》、《公羊傳》。夾衣不可無裏，則經不可無傳也明矣。鄭《箋》亦不易明，有看似易知，而實不易知者。注之妙用，在不肯放過一字、放過一事；雖有紕謬，亦必究其致謬之原。陳碩甫《毛詩傳疏》，專用西漢之說，不主鄭《箋》，極謬！譬之猶講唐詩而薄宋詩，可乎？至若今古文雖

〔註5〕《量守廬遺墨》。

同時，卻不可通，故治經必須篤守師說，雖文義了然，若無師說，亦必謬誤。先之以訓詁，繼之以文義，文義既清，而後比較其說，觀其會通。讀注疏，非貫通全疏，不能了然。北方學者不讀全經（見《日知錄》），故紀曉嵐講《穀梁》，致誤為西漢人所作，蓋宗東原之說，以《公羊傳》比較而來，不知《穀梁》本係穀梁赤所自為，范《注》已明言之。如董仲舒所講《公羊》，則得諸口授，未有傳書。紀氏又謂：至公觀魚於棠一條、葬桓王一條、杞伯來逆叔姬之喪以歸一條、曹伯盧卒於師一條、天王殺其弟佞夫一條，皆冠以「傳曰」字，惟《桓王》一條與《左傳》合，餘皆不知所引何傳。疑寧（按即范甯）以傳附經之時，每條皆冠以「傳曰」字，如鄭玄、王弼之《易》，有「象曰」、「象曰」之例，後傳寫者刪之。此五條其削除未盡者也。（見《四庫全書總目》卷廿六）不知凡「傳曰」皆穀梁赤自傳之辭，其說見隱公八年注，隱公只看九年之注，而未上及八年，乃成此謬。可知讀注疏不貫全文，不能發其蘊積也。

黃侃注意推求詩經義例，寫有專文，分析細緻入微，頗有功於斯學。後來黃焯「接著說」，更加完備周密。

1931 年 5 月 30 日，黃侃以詩經作為古音學的研究材料，作《詩音上作平證》，次日脫稿。該文以《詩經》韻腳平上相押證明古無上聲。黃侃主張「古音兩聲說」，他在《聲韻略說》中說：「古有平入而已，其後而有上去。」此說源自段玉裁，段氏認為：「古平與上一類，去與入一類。上與平，一也；去與入，一也。上聲備於三百篇，去聲備於魏晉。」段氏認為《詩經》時代已有上聲，黃侃進而認為《詩經》時代就不存在上聲。《詩音上作平證》一文，實為其「古音兩聲說」的注腳。黃氏「古音兩聲說」，今人信從的比較少。

（四）黃侃的禮學研究

黃侃曾經論證《周禮》為周公手定，孔子復親見《周禮》：

《國語·魯語》仲尼曰：「先王制土，籍田以力，而砥其遠邇，賦里以人，而量其有無，任力以夫，而議老幼。下云若子季孫，欲其法也，則有周公之籍矣。」案籍田以力，砥其遠邇，賦里以人，量其有無，與冢宰司會九賦及載師任地之法同符，任力以夫，議其老幼，與冢宰九職大府內府司會九功閭氏任民之法及卿大夫徵民之法同符。下文明云周公之籍，是仲尼以此諸法，制自周公，此一事

也。又《左傳》哀公十一年季孫欲以田賦，使冉有訪諸仲尼。仲尼曰：「且子季孫，若欲行而法，則有周公之典在。」據此則《國語》所謂周公之籍，即周公之典，典籍一也，此周公之典，即《周禮》矣。〔註6〕

1931年7月20日，黃侃校《禮學略說》一通，以快信寄王獻唐。函云：

……以資鈍學遲，未敢言著述。《說文》、《爾雅》書眉間有批語，尚不能緝成一書。茲將《禮學略說》近稿呈覽……近日學風益趨新奇，侃之所為猶是學究舊法，世必笑之，或不見非於雅德君子耳。〔註7〕

潘重規曾經闡發其經學要術：

侃經學著述雖未完成，而《禮學略說》中於治學方法則昭示無遺，其言曰：「治禮次第，竊謂當以辨字讀、析章句為先務；次則審名義，次則求條例，次則括綱要，庶幾於力鮮，於思寡，省竹帛之浮辭，免煩瑣之非誚。」此言兼苞治一切學術之通則也。至於禮學尤號難治，由於古書殘缺、古制茫昧、古文簡奧、異說紛紜四事，故治禮經必嚴辨明文師說之異同，以判斷經義、事制之是非。其言曰：「夫禮學奧博，益以四事，彌覺研核之難，此所以有講誦師言，至於百萬猶有不解也。說禮所據，有明文，有師說。明文者，禮之本經，則《周禮》、《儀禮》是也。師說有先後，先師說非無失違，後師說非無審諟，要其序不可亂也。固知師說短長，斷以經義；經義差牾，出以彌縫；師說紛歧，考其證左。」此乃治經之通法，非獨治禮為然。則又兼苞治一切經義之要術也。

1930年，黃侃在中央大學講《三禮通論》。錢玄曾經向他請教三禮之學，後述其要旨曰：

一九三○年，玄肄業於南京中央大學，得聆蘄春黃先生講《三禮通論》。先生提綱挈領，述三禮傳授源流，啟示治禮學之途徑及方法。先生論學禮之宗旨云：近人或以禮經名物繁縟，注疏龐雜，經傳所述，均為當今不行之典，於時無用之儀，故不必空事鑽研，徒

〔註6〕范文瀾：《范文瀾全集》第1卷，河北教育出版社，2002年，第140頁。
〔註7〕此書照片亦為殷孟倫所提供，刊於《中國歷史文獻研究集刊》第三集卷首，題為《黃季剛先生遺箚之二》。

費勞神。此說良為紕繆。蓋今之學三禮,決非為復冕弁之服,鼎俎之設,而在於考究上古典章制度,明民族文化之發展。雖於時無用,但何害鑽研?而況制禮之義,亦有不可盡亡者,講信修睦,今日豈可盡屏乎?

　　先生論學三禮**方法**,多來自積年體會,極為精闢扼要。前人每患禮經簡奧,古制茫昧,異說紛紜,三禮在諸經中最難學,所謂累世不能殫其學,當年不能究其禮。先生云,其實不然。如能得治學之道,則不苦其難矣。治禮之次第有三。先應辨字讀、章句。治經學必以小學為始基。禮有今古文,有通假。辨音讀,除《爾雅》、《說文》外,不可不讀陸德明《經典釋文》。陸氏所見三禮異本多至二十餘家,六朝三禮之學,從《釋文》中可見梗概……〔註8〕

1930 年 10 月 24 日,黃侃寫信給潘重規、黃念容,談治經學之心得與苦樂,函云:

　　前得甥書,言近治《詩》疏極有佳趣,知靈源日濬,可謂披甲精進者。今日以《詩》教人,宜專用變風變雅。試抽繹《節南山》、《民勞》諸篇鄭箋,有不淒然感動,歎我生之靡樂者真愚人也。《詩》既治畢,且先《春秋》而後三禮。《春秋》文簡義豐,尋玩有味;三禮紛紜,實甚足以疲人。予日讀禮經數紙,展轉比勘,至夕每覺頭眩,是以知其苦也……閉門讀書,日飲醇酒,可心聊自樂,終不為人移平生懷抱,守之皓首而已。〔註9〕

「今日以詩教人,宜專用變風變雅。」何也?時勢使然也。

(五)黃侃的《春秋》研究

黃侃撰有《三傳平議》,首先總論:

　　《漢書‧藝文志》曰:「周室既微,載籍殘缺,仲尼思存前聖之業,以魯周公之國,禮文備物,史官有法,故與左丘明觀其史記,據行事,仍人道,因興以立功,就敗以成罰,假日月以定曆數,藉朝聘以正禮樂,有所褒諱貶損,不可書見。(案損謂不可見之於經也。)口授弟子,弟子退而異言;丘明恐弟子各安其意,以失其真,故論

―――――――――――

〔註8〕《量守廬學記》,第 152～154 頁。按:錢玄先生所述與《禮學略說》大體相合,可信從。

〔註9〕《量守廬遺墨》。

本事而作傳，明夫子不以空言說經也。《春秋》所貶損大人，當世君臣有威權勢力，其事實皆形於傳。是以隱其事而不宣，所以免時難也。及末世口說流行，故有公羊、穀梁、鄒、夾之傳。」謹案：言《春秋》經傳原委者，以班氏此言為最簡當。《史記・孔子世家》亦曰：「因史記作《春秋》，筆則筆，削則削。子夏之徒，不能贊一辭。」《十二諸侯年表》曰：「魯君子丘明懼弟子人人異端，各安其意，以失其真，故因孔子史記具論其語，成《左氏春秋》。」此亦為《春秋》、《左傳》互為表裏之證。自漢以來，左氏與二傳互相非難，至今不已。茲為簡其辭說，約分數科論之。其劉子玄《申左篇》所已詳者，不具贅也。

繼而分疏四條義例：

一曰《春秋》本策書成法，二傳亦有其證也。《公羊》莊八年引不修《春秋》，而曰君子修之。昭十二年傳以經伯於陽為公子陽生，而引孔子曰：「我乃知之矣。」何注曰：「孔子年二十三，具知其事，後作《春秋》。案《史記》知公誤為伯，子誤為於，陽在，生刊滅闕。」如《公羊》言，是孔子於策書成文，有所不改更也。《穀梁》桓十四年傳：「夏五，傳疑也。」范注：「承闕文之疑，不書月，明皆實錄。」僖十九年傳：「梁亡鄭棄其師，我無加損焉，正名而已矣。」如《穀梁》言，是孔子於策書成文，有所不改更也。夫小事尚以闕文，況於大事而可以意補闕乎？明知其誤，而有所不更，況於策書明白而任意刪改乎？故必如杜氏之說，以為仲尼《春秋》上遵周公遺制，即用舊文者多，至於教之所存，文之所害，乃刊而正之。則知孔子《春秋》實欲使周公舊制昭明，其所奉以為筆削之準則者，亦只史官舊章而已，非別有所謂義法也。

二曰《春秋》大義，已見於《左傳》，孔子秉筆之意，亦略有可尋；其餘變例，皆具於傳，捨此別求，皆非聖人之真意也。案成十四年傳稱：「君子曰：《春秋》之稱，微而顯，志而晦，婉而成章，盡而不污，懲惡而勸善，非聖人誰能修之。」又昭三十一年傳曰：「《春秋》之稱，微而顯，婉而辨，上之人能使昭明，善人勸焉，淫人懼焉，是以君子貴之。」此二條為全經大義。又河陽之狩，趙盾之弒，泄冶之罪，《左傳》皆特引仲尼之言，以斷危疑之理。其餘「書」、「不

書」、「先書」、「故書」、「不言」、「不稱」、「書曰」之類，皆孔子據舊例而發新意。夫惟左氏親見聖人，同修國史，而後知褒諱貶損之所在；其未見國史，不親承聖訓者，不能悉也。

三曰《春秋》見諸行事，若捨事言義，則先自迷罔。二傳不明本事，即不能知聖人本意也。案《公羊》、《穀梁》說事，往往惝怳，又或兼存異說，不能自明。如《公羊》隱二年傳曰：「紀子伯者何？無聞焉爾。」又桓十四年傳云：「夏五者何？無聞焉爾。」何休以為口授相傳，後乃記於竹帛，故有所失。此公羊於本事有所不知，而自言不諱也。又桓公九年傳曰：「《春秋》有父老子代從政者，則未知其在齊與曹與？」此公羊於經意所識，不能確指其事也。又昭三十一年傳曰：「邾婁女有為魯夫人者，則未知其為武公與懿公歟？」此公羊自記其事，猶有所不審也。又桓六年傳曰：「何以書？蓋以罕書也。」莊三年傳曰：「何以書葬？蓋改葬也。」是公羊於經義不能明晰為說，而為疑詞也。又閔元年傳曰：「子女子曰：以《春秋》為《春秋》，齊無仲孫，其諸吾仲孫與？」此公羊不見國史，而直以意說經也。又莊二十五年傳曰：「以朱絲營社，或曰為暗，恐人犯之，故營之。」又閔二年傳曰：「或曰，自鹿門至於爭門者是也；或曰自爭門至於吏門者是也。」是公羊於自所傳義，已不能自定其是非也。又桓六年傳曰：「何言乎子同生？喜有正也。子公羊子曰：『其諸以病桓歟？』」是公羊於自所持說，不能固執而游移不定也。《穀梁》雖與《公羊》謹肆小殊，而亦不能免上諸弊，然則《春秋》無《左傳》，則終古無昭明之望也。

四曰孔子非因丘明不能得魯史，《左傳》記事，即是釋經，經傳相合，不能或離也。孔子雖有聖德，而身非史官，縱復偶得觀書，無緣親加筆削，惟其與丘明同好惡，故丘明以筆削之權，奉之孔子而無所疑。及聖經勒成，又復躬搜載籍，以為之傳，要之皆欲修明周公之制而已。孔子曰：「其事齊桓晉文」，謂其非王道也；「其文則史」，謂史官之記載，猶本王制也；「其義則某竊之矣」，謂身非史官，而欲明周公之遺法也。左氏之於經，明其例，記其事，表其微旨，所謂文緩旨遠，將令學者原始要終，與訓詁之傳，本非同類。而世遂以為不傳《春秋》。至劉逢祿輩竟謂左氏義例為劉歆所增竄，又或

比年闕事，而劉歆傳其文；或本無年月，而劉歆為之增傳；由是《左氏》與《春秋》竟渺不相涉，而後道聽途說之俗學，得以恣睢妄說，而莫敢正之。抑知《春秋》無《左傳》，則《春秋》之旨不見；《左氏》不附經，則《左傳》竟為誰而發乎？

最後總結道：

凡此四端，皆有關大義最切者，至謂左氏或有人附益，其文非丘明自著，以悼之四年，及稱趙襄子為疑。夫左氏年壽傳記無文，案《史記‧六國表》魯悼公卒於周考王十二年，趙襄子卒於威烈王九年，明年始為魏文侯元年，而威烈王十九年，《史記》書文侯受經子夏，假令左氏年同子夏，固可以書魯悼、趙襄之謚矣。〔註10〕

此文為范文瀾課堂筆記，時間可能在黃侃拜劉師培為師之前，還屬於率爾而作。

1930年4月4日，章太炎有《答黃季剛書》，論《春秋》義例。函云：

（所著《春秋疑義》）雖與舊說多異，然恐事實正是如此。頃有人贈宋葉水心《習學記言序目》一書，其論《春秋》謂一切凡屬書法，皆是史官舊文，唯天王狩河陽、僑如逆女、齊豹三叛四事，為孔子所書，傳有明文。又謂《春秋》因諸侯之史，錄史變，述霸政，所謂其事則齊桓、晉文者，此《春秋》之楨幹也。至於凡例條章，或常或變，區區眾人之所事者，乃史家之常、《春秋》之細爾。其論與鄙見甚合。宋儒說《春秋》多務刻深，唯永嘉諸子頗為平允，而水心特為卓犖，乃知公道自在人心。唯天王狩河陽一事，據《史記》尚是舊史所書，孔子特因之而已，而趙鞅書叛，據《史記》乃是孔子特筆，則水心考之未盡。蓋水心非徒不信傳，並太史公亦不盡信，此則未知《春秋》大旨，全由太史公而傳，其間有屬雜《公羊》者，則荑薉未盡爾。宋儒終是粗疏，於劉、賈以前古文諸師傳授之事，絕未尋究。今之所作，則異於此矣。足下再審杜著，評其得失，何如？〔註11〕

1930年4月14日，汪東又自滬持來章太炎書信四紙，述著《春秋疑義》之心

〔註10〕 范文瀾：《群經概論》，上海書店，1990年。
〔註11〕 《章太炎書札》，抄本，溫州圖書館藏。見《章太炎年譜長編》第904頁。又見《章太炎書信集》，河北人民出版社，2003年，第203～204頁。

得與宗旨。函云：

去冬示以《春秋疑義》，當有會心。鄙言於凡例雖取征南，而亦上推曾申、吳起、賈誼、史遷之說，以相規正，賈、服有善亦採焉。邇來二三月間又加修治，且增入向所未備者十餘事。

近說成公經立武宮事，據《傳》稱：「聽於人以救其難，不可以立武；立武由己，非由人也。」則武宮斷不得為武公之宮。《公羊》以立煬宮辭例相比，始為此說，而《左氏》不然。杜既採《公羊》，又知於傳文難通，故云兼築武軍。此則支離亦甚。今謂武宮直是講武之處，即成周宣謝之類。服氏說宣謝為宣揚威武，則武宮亦其類也。

又僖公《經》：「夫人氏之喪至自齊。」《穀梁》、賈氏皆謂以殺子貶姜，杜則直謂闕文。據傳云：「君子以齊人殺哀姜也，為已甚矣，女子從人者也。」此正釋經文去姜之義。哀姜之罪，當由魯討；今齊人討之，見其不容於父母之國，是以去姜。不於薨葬去姜者，彼但齊、魯一方之事。此則齊、魯相會之事也。《正義》以為姜氏者夫人之姓，二字共為一義，不得去姜存氏，去氏存姜。然傳有左師見夫人之步馬者，問之，對曰：「君夫人氏也。」《詩》有「母氏聖善」，則夫人氏原自成文，不得以為闕文也。如此之類，駁杜者甚著，然亦不欲如前世拘守漢學者，沾沾以賈、服為主。蓋上則尋求傳文，次或採之賈誼、史遷，是鄙人著書之旨也。

足下前說熟誦注疏，然於《左氏》則取疏而不取注，疏不破注，未知足下何以為別也？前者作《三字經》，今求者甚多，此已無稿，有一本在足下處，望即迻寫寄來為要。

1930 年 4 月 17 日，章太炎有《與汪旭初書》〔註12〕，函云：

鄙人所說《左氏春秋》，近復加十餘條，自謂精審，惜乎士燮《長經》，今已不傳，未知比之何如也。覽彭尺木《二林居集》，有《答袁蕙纕書》，袁作《春秋論》，謂《春秋》不經孔子筆削，直是魯史之書。其言雖過，然向來素王制法之障蔀，可以一掃而空。原論未見。其人與尺木友，恐是蘇人，未知蘇州有袁文集否？願為訪

求，幸甚。

1930 年 4 月 19 日，黃侃致章太炎信，論《春秋左傳》，函云：

> 旭初還自上海，因悉尊安隱勝常，下懷欣慰。蒙賜手書四紙，開示《春秋》疑義二條，誠足以匡杜、孔之違，又異於拘牽賈、服者。尊於《春秋》，獨尋孔、左簡書之微旨，下及曾、吳、張、賈之逸說，義苟有當，雖元凱不遺；例果不安，雖紅休亦捨。要之簡去異端，錯綜盡變，可謂開門於千載之下，妙契乎善志之心者矣。
>
> 尊說成六年立武宮事，謂立武公之宮，傳豈得徒稱立武？至諦。侃疑武宮蓋即宣十二年之武軍，彼注說武軍云築軍營，明其有壁壘射堂，可以經久，是亦宮室之類，故得言宮。楚子不立武軍，但為先君宮以告成事，如使武宮果為武公之宮，即與楚子告成事何異？傳必無立武之譏。是知以武名宮，正如以楚名宮、以祗名宮，皆隨事取義，不得以煬宮為比矣。
>
> 尊又說僖元年夫人氏去姜事，以傳文宋有夫人氏，明其可以去姓。此又塙當不易。侃謂哀姜稱夫人氏，正似聲子稱君氏。孔謂不可去姜稱氏既非，又云不可去氏存姜，並與逆婦姜於齊之經不照矣。
>
> 侃前為尊言，熟誦注疏，推尋漢詁，正為今之臆說穿鑿者太眾，思欲遏止其流。若夫深思廣證，符合遺經如我大師，侃豈有間然也。
>
> 去年謁師，蒙以《春秋疑義答問》稿本令讀，昭若發蒙。歸來伏念，自詫希聞，獨恨耳學不精，必須尋本。敢求屬世揚迻書一通見賜，俾得由此上窺經義，即受恩無極矣。

從此可以窺見黃侃治經學之旨趣：「熟誦注疏，推尋漢詁，正為今之臆說穿鑿者太眾，思欲遏止其流。」黃侃自從拜師劉申叔之門，曾經宣稱他的經學超過了章太炎。

1931 年 4 月 11 日，黃侃改作《春秋左氏疑義答問後序》：

> 章公撰《春秋左氏疑義答問》五卷，侃幸先得受讀而繕寫之。謹演贊師言，書其後曰：孔子作《春秋》，因魯史舊文而有所治定。其治定未盡者，專付丘明，使為之傳。傳雖撰自丘明，而作傳之旨皆本孔子。公書所詮明者，梗概如此。不知因舊史之說，則直以《春秋》為素王之書，責之孅悉而纛疑起。不知孔子有所治定，則云《春

秋》不經筆削，純錄魯史原文，而修經之意泯。不知作傳之旨皆本
孔子，是經違本事與褒諱挹損之文辭，屈於時君而不得申者，竟無
匡救證明之道。其弊也，執傳則疑經，廢傳而經義彌晦矣。傳稱韓
子見魯春秋，知周公之德。孟子言其事則齊桓、晉文，其文則史。
即公羊亦有不修《春秋》之目，是以知《春秋》必因舊史也。傳言
《春秋》非聖人孰能修之。故所記僑如逆女，齊豹三叛，皆明其為
孔子所書。《史記》稱趙軮書叛，亦為孔子特筆，是以知孔子有所治
定也。夫書因赴告，不能合於本事者，以魯史局於一方，無由廣為
考核也。故楚圍弒麇，《春秋》不錄，比之討圍，遂不得不蒙惡聲，
此牽於文義也。它國之事，孰順孰逆，或天子方伯主之，或魯君主
之，雖不合於義，而史官不敢駁異。故里克為弒卓之罪人，周、齊
罪之也。鄭突、衛朔為魯史之所右，桓、莊右之也，此制於名義也。
孔子與丘明西觀周室，見列國太史記注之文，乃以所可治定者筆之
經，所未可治定者付之傳。經以存魯史之法，傳以示是非之真。故
經即有違於本事，屈於時君者，得傳而不患無匡救證明之道。是以
知治定未盡，專付丘明，作傳之旨，悉本孔子也。觀孫卿子遺春申
君書，引傳楚圍齊崔杼事，徑稱曰《春秋》，太史公吳太伯世家稱《左
傳》為《春秋》古文，明經、傳皆出聖人，故言之初無分別也。桓
譚有言：「左氏傳於經，猶衣之表裏，相待而成，經而無傳，使聖人
閉門，思之十年，不能知也。」善哉此言。信成學治古文之埻臬矣。
公書上甄曾、吳、孫、賈、太史之微義，下取賈、服、杜預之所長，
要使因史修經，論事作傳之旨，由之昭晰，繽紛盡解，瑕適不存。
鄭君贊《周禮》，先師謂其所變易，灼然如晦之見明，其所彌縫，奄
然如合符復析。公於《春秋》，亦豈異是。蓋自左氏微以來，未有若
斯之懿也。侃與聞眇論，誠不勝歡慶雲。辛未四月，弟子蘄春黃侃。

黃侃以桓譚「左氏傳於經，猶衣之表裏，相待而成，經而無傳，使聖人閉門，
思之十年，不能知也」〔註13〕之言為治古文之埻臬。1931 年 4 月 16 日，收到
章太炎來信，謂改作《後序》辭義允愜，不須修改一字。又論劉君左氏之學，

〔註13〕桓譚《新論》曰：「《左氏》傳世後百餘年，魯穀梁亦為《春秋》，殘略多所遺
　　　 失。又有齊公羊高，緣經文作傳，彌離其本事矣。左氏經之與傳，猶衣之表
　　　 裏，相持而成。經而無傳，使聖人閉門，思之十年，不能知也。」見宋李昉
　　　 等《太平御覽》卷六百十。

其言甚長。

二、黃侃的解經方法與特色

（一）黃侃的解經方法

第一，以古書說字，以字證古。

黃侃認為：

> 經學為小學之根據，故漢人多以經學解釋小學。段玉裁以經證字，以字證經，為百世不易之法。（《文字學筆記》）

> 《段氏說文》主旨，在以經證字，以字證經。今則宜以古書說字，以字證古。所以研討文字者，其用在是。故凡不能用聲音、訓詁說明之形體，暫可存而勿論，以其如漢代之逸書，義多不可說也。（《文字學筆記》）

黃侃對段玉裁「以經證字，以字證經」的方法評價極高，推之為「百世不易之法」。漢人多以經學解釋小學，往往是單行道的，而段玉裁已經發展為雙向道，即經學與小學互證互闡。黃侃進一步擴展段玉裁的方法，將它提升為「以古書說字，以字證古」，其實已經突破了經學的範圍，是文獻與文字、文化的互闡互證，可以形成詮釋之循環，可與當今歷史文化語義學相溝通。

第二，以經解經，詩雅互詮。

黃侃認為：

> 《詩經》中連言之字，《爾雅》《釋言》、《釋訓》即以為釋（訓詁學筆記）

> 《爾雅》之作，多為釋《詩》，故《詩》中連言之字，《釋言》、《釋訓》即以為釋。如《釋言》「肇，敏也。」《詩·江漢》肇、敏連言，故以敏為釋。舫，舟也。泳，遊也。《詩·谷風》「方之舟之，泳之遊之」連言，故以舟釋舫，以遊釋泳。「迨，及也。」《七月》「迨及公子同歸」連言，故以及釋迨。「俅，戴也。」《絲衣》「載（古載戴通用）弁俅俅」連言，故以戴釋俅。「愬，饑也。」《汝墳》「愬如朝饑」連言，故以饑釋愬。「土，田也。」《詩·崧高》「徹申伯土田」連言，故以田釋土。……此皆以詩中連言之字為釋也。

第三，以音說義，以書證音。

黃侃認為：

> 《經籍籑詁》中異文最多，次則《經典釋文》中亦有之。翻《經籍籑詁》將聲訓、異文、連語、讀若、《字林》聲類反切五門標出。昔戴君舉「以字說經，以經證字」二語以示後學。余今欲以音說義，以書證音。其條例一曰本聲（如丕從不聲，吏從史聲）。二曰聲訓（如干，健也，坤、順也）。三曰連語（如屯邅、班旋）。四曰古韻（如下普、道咎）。五曰異文（如造作聚，復作覆）。六曰擬音（如需讀為秀、履讀為禮）。七曰直音（如厶音私）。八曰反切。九曰體語。（如溫休為幽婚，清暑為楚聲，以及金溝、清沁、郭冠軍家之類）。自《說文》、《玉篇》、《廣韻》、《集韻》、《類篇》外，凡宋以前書涉及音者無不採葺。雖一人之力成此為難，積以歲年，或收驚馬十駕之效。（《訓詁學筆記下》「治《爾雅》之程序」條）

1935 年 2 月 15 日《量守廬請業記・讀經之法》（黃席群、閔孝吉記）：

> 讀經次第，應先《詩》疏，次《禮記》疏。讀《詩》疏，一可以得名物訓詁，二可通文法（較讀近人《馬氏文通》高百倍矣）。《禮》疏以後，泛覽《左傳》、《尚書》、《周禮》、《儀禮》諸疏，而《穀》、《公》二疏為最要，《易》疏則高頭講章而已。陸德明《經典釋文》宜時事翻閱。注疏之妙，在不放過經文一字。

（二）黃侃的解經特色

第一，區分經學訓詁與小學訓詁。

黃侃認為經學訓詁與小學訓詁有異，他說：「小學之訓詁貴圓，經學之訓詁貴專。」蓋一則可因文義之聯綴而曲暢旁通；一則宜依文立義而法有專守故爾。清世高郵王氏父子深於小學，以之說經，實多精闢之義，然亦有疏失處。陳蘭甫《東塾讀書記》云：「王氏好執《廣雅》以說經，如《詩・采蘩》：『被之僮僮』、『被之祁祁』，毛傳云：『僮僮，竦敬也。』『祁祁，舒遲也。』詩意言祭時竦敬，去時舒遲，而借被以言之，毛傳深得其意。王氏《經義述聞》據《廣雅》『童童，盛也』，因謂祁祁亦盛貌，則失詩意矣。由偏信《廣雅》故也。」黃焯謹案：毛傳於《豳風・七月》「采蘩祁祁」訓為眾多，於《大雅・韓奕》「祁祁如雲」訓盛貌，而於《采蘩》之「采蘩祁祁」訓舒遲，蓋皆曲顧經義為說也。

第二，反對強經就我。

黃侃認為「先儒之書不宜改字以牽就己說」，他說：

> 讀古書不宜改字以牽就己說。清世學術昌明，於乾嘉時為極盛。而高郵王氏父子又其詮明古義之最精者，然其立義亦間有不可為訓之處。如《廣雅疏證·釋草》「益母，充蔚也」條云：「《詩·王風·中谷有蓷》首章云『暵其乾矣』，次章云『暵其修』，卒章云『暵其濕』，傳云：『蓷，鵻也。暵，菸貌。陸草生於谷中，傷於水，脩且乾也。鵻遇水則濕。』案《說文》云：『暵，乾貌也。』則暵即是乾，乾之與濕正相反。既云『暵其乾』，而又云『暵其濕』，於義固不可通。草傷於水，先濕後乾。而《詩》乃先乾後濕，於文亦復不順。此由誤解濕為水濕，故致多所牴牾。《說文》云：『鸂，水濡而乾也。』引《詩》『鸂其乾矣』，蓋亦承毛公之誤而為說耳。今案濕當讀為暵，暵亦且乾也。」云云。焯謂王說甚謬。此《詩》首章言「暵其」（暵其猶云暵然）。以為乾之副詞。次章、卒章言修、言濕，亦以「暵其」為言者，蓋《詩》雖三章分言，而其主題實在首章。總謂蓷之由濕且修而乾，實為一語耳。其意則側重言乾，故皆以暵其冠之。其初言乾，次言修、濕者，祇以趁韻之故，而反覆詠歎其事，非可平列觀之。乃王氏既改濕為暵，且詆《說文》為承毛公之誤，既誤改經文，妄訶前哲，且開後世鄙夫妄改舊文牽就己說之漸，其為失也大矣。

黃侃嘗云：「凡輕改古籍者，非愚則妄，即令著作等身，亦不足貴也。」基於此，他對清代經學與校讎學大加否定。

第三，注重展轉求通。

「讀古書如有所疑須展轉求通不可遽斷為誤而輕加改易」，黃侃又云：「凡讀古書，遇有所疑，須展轉求通，勿輕改易。」故先生之於學，閎通嚴謹兼而有之。其於名物制度、文辭義理，靡不兼綜廣攬，人謂有戴氏之閎通而無其新奇；有惠氏之嚴謹，而無其支離破碎之病。可謂能得先生所學之大略矣。嘗記《尚書序》：「巢伯來朝。」《釋文》：「巢，仕交反；徐呂交反。」或以呂字為疑。宋毛居正謂呂當作石。黃侃云：「剿、勞一語之變，故巢有來紐音。」又《詩·匏有苦葉》：「有鷕雉鳴。」《釋文》：「以小反。」《說文》：「以水反。」段玉載云：「以小反者，字之誤，亦聲之訛。」王念孫則謂脂部字多與蕭部相轉，音以小反非誤。今謂王說是而段說非也。前此顧炎武《詩

本音》所說亦與段氏同，顧、段皆清世大儒，尚有此誤，吾人治學益宜持矜慎之態度也。

第四，兼顧家法與事實。

黃侃認為「訓詁之道須謹守家法，亦應兼顧事實」：

> 章先生云：《詩·商頌》：『受小球大球，受小共大共。』毛傳以球為玉，以共為法，深合古訓。《經義述聞》以為解球為玉，與共殊義，應依《廣雅》作訓，拱抹，法也。改字改經，尊信《廣雅》太過矣。要知訓詁之道，須謹守家法，亦應兼頭事實。按《呂氏春秋》：『夏之將亡，太史終古抱其圖法奔商。』湯之所受大共小共，即夏太史終古所抱之圖法也。

1921 年黃侃覆許友仁書亦云：

> 清師治經之劬勞，誠予吾儕以莫大之益，惟或則瑣碎而無精微，宏通而蔑棄師法，考據而只成肥說，辯駁而徒長浮詞，意者有漢人所譏章句之儒之病。然則吾儕所務，必在去繁求簡，去妄存真，果能如此用心，則舊說有不可不存，而孔、賈、陸、楊之疏未可盡束於高閣。年來點校孫仲翁《周禮》新疏，見其攻駁鄭、賈，略無愧容，一簡之中詆訶雜出，由此見唐人之於王《易》、孔《書》愛護甚至，雖乏宏通之美，亦庶幾不違矩矱者已。足下有志經術，所宣先求注疏，進覽漢師之說，補其闕遺，而推其未備。縱令眾說岐互，各令如其故常，譬諸奏樂，不以琴瑟而廢琵琶；譬諸製衣，不以深衣而賤常相，斯亦可矣。至於訓詁、聲音，在小學之家自為要業，若在專家治經之士，正以篤守師說為宜。與其創新說以正前文，不若守故聞而乏奇識。大抵少年銳氣，無往不形獨到，董理舊文，則無事乎此。侃六七年前，每事好為新說，自事儀徵而後，乃恍然於所尚之非，而已駟不及舌矣。因君懇摯，故不恤自露其情。若乃不守師承，多創新義，苟取盈卷，不顧複重，則禹域之大，何患無才，亦奚勞足下遠來相問耶？

黃侃的師弟蒙文通亦云：「言漢學，必先明其家法，然後乃能明其學說，又必跳出家法，然後乃能批判其學說。如惠棟是懂家法的，張惠言之於《易》，莊存與之於《公羊》，都可說是明於漢學家法的。戴東原卻不懂家法，近世之崇

戴者，也多不懂家法，故雖大講漢學，而實多夢囈。」〔註14〕

第五，說經須先通本經。

黃侃論說經方法：「說經有須先通本經，而後以他經佐之者，他經稱引不盡本義故也。」

總之，黃侃經學的總體特色是：重視漢唐家法，輕視清人經解；重視古文經學，輕視今文經學。

毋庸諱言，黃侃解經的確也還存在不少缺失，概言之有下面三點：第一，溫經之功多，解經之功少。第二，以經證字多，以字證經少。第三，講習之功多，闡發新意少。

〔註14〕蒙文通：《甄微別集》，《蒙文通全集》第六冊，巴蜀書社，2015 年，第 7 頁。
　　　　今按：戴東原既不懂漢學之家法，亦不懂宋學之義理，卻兩面通喫，異哉！

由帛書《易傳》解《謙》卦
申論清華簡《保訓》的「三降之德」

寧鎮疆

一

　　《周易》《謙》卦非常強調低調、謙恭的思想，這是人所共知的。這一點在今本《易傳》如《彖》、《小象傳》及《繫辭傳》中均有反映。但要說如何低調、謙恭，以及這樣的低調、謙恭又是為誰設計則頗不易明。因為今本《易傳》無論是《彖》、《象》還是《繫辭》，雖則是解「經」之「傳」，但都比較抽象，不涉及任何具體的人和事。能彌補這個不足的，是帛書《易傳》。帛書《易傳》諸篇通過弟子與先生問對的形式，詳細討論了《周易》一些卦的卦、爻辭，其中對有些卦還反覆討論，顯示了帛書傳《易》者明顯的偏好。比如對於《謙》卦的討論就屬濃墨重彩：除了《二三子問》篇圍繞《謙》卦卦辭的討論，《繆和》一篇，還以莊但、張射等與「先生」的問答的形式，非常詳盡地討論《謙》卦之九三、初六與該卦卦辭，僅此一篇涉及《謙》卦的討論即達千餘字：論述之深入詳盡，在整個帛書《易傳》中可以說都是非常少見的。更為難得的是，帛書《易傳》不但有非常具體的師徒問對這樣的情景，而且其中所論《謙》卦卦、爻辭，還每每比附以具體的人事，較之今本《易傳》可以說明晰不少。本篇小文要重點討論的是《繆和》篇弟子莊但與先生的問對，因為其中直接以古之聖君舜來比附，其結合《謙》卦，對舜立身行事的討論對我們思考前幾年清華簡《保訓》篇中同樣涉及舜的所謂「三降之德」，可以說很有啟發性。為討論方便計，先將《繆和》篇莊但與先生的問對

內容迻錄如下〔註1〕：

> 「莊但問於先生曰：敢問，於古今之世，聞（問）學談說之士
> 君子，所以皆技焉勞亓四枳之力，渴（竭）亓腹心而索者，類非安
> 樂而為之也。以但之私心論之，此大者求尊嚴顯貴之名，細者欲富
> 厚安樂之實。是以皆技焉必勉，輕奮亓所毄幸於天下者，殆此之為
> 也。今《易‧嗛》之初六，亓辭曰：「嗛嗛君子，用涉大川，吉。」
> 將何以此論也？子曰：「夫務尊顯者，亓心有不足者也。君子不然，
> 呼焉不自明也，不自尊也，故能高世。夫《嗛》之初六，《嗛》之《明
> 夷》也。聖人不敢有位也，以有知為無知也，以有能為無能也，以
> 有見為無見也。憧焉無敢設也，以使亓下，所以治人請，技群臣之
> 偽也。嗛，君子者，夫古之聖君，謙然以不足立於天下，故奢侈廣
> 大遊樂之鄉不敢渝亓身焉，是以天下驪然歸之而弗猒也。『用涉大
> 川，吉』者，夫《明夷》，《離》下而《坤》上。坤者，順也。君子
> 之所以折亓身者，明察所以貌人者□紐，是以能既致天下之人而有
> 之。且夫《坤》者，下之為也。故曰『用涉大川，吉。』子曰：『能
> 下人若此，亓吉也。不亦宜乎？舜取天下也，當此卦也』。子曰：『聰
> 明睿智守以愚，博聞強識守以淺，尊□貴富守以卑，若此，故能君人。
> 非舜亓孰能當之？』」

莊但的疑問主要針對《謙》卦的初六爻辭「嗛嗛君子，用涉大川，吉」，這和
他所處的時代氛圍似乎格格不入：當時的情況是「大者求尊嚴顯貴之名，細
者欲富厚安樂之實」，大家都去追求顯貴安樂，《謙》卦初六爻辭卻說「嗛嗛
君子」，才能「吉」。先生的答覆說，首先「君子」不是這樣的，然則君子應
該如何做呢？「君子不然，畛焉不自明也，不自尊也，故能高世」，所謂「不
自明也，不自尊也」即不要自吹自擂，自伐其功，突出謙恭、退守，此與《老
子》22 章的「不自見故明；不自是故彰；不自伐故有功；不自矜故長；夫唯
不爭，故天下莫能與之爭」可謂一致。《老子》一書向以謙恭、退處為基本的
取向，所謂「不自明」、「不自彰」、「不自矜」云云即為顯例。帛書《二三子
問》還引孔子語解《謙》卦卦辭「謙，亨，君子有終」之「君子」時說：「好
善不伐也。夫不伐德者，君子也」，所謂「不伐」、「不伐德」，同樣是說「君

〔註1〕釋文參裘錫圭主編《長沙馬王堆漢墓帛書集成》三，中華書局 2014 年，第 131
～132 頁。

子」為人謙恭、不自吹自擂。今本《繫辭上》解《謙》卦之九三爻辭說「勞而不伐，有功而不德」，也是同樣的意思。這說明《易傳》古今本之間在此問題上是完全一致的。如果說這種強調謙恭、退處還比較含蓄的話，下文則更直接。「君子之所以折亓身者，……」，「能下人若此，其吉也，不亦宜乎」「聰明睿智守以愚，博聞強識守以淺，尊祿貴官守以卑」，所謂「折其身」、「能下人」（能處人下），其謙恭、處下就更為顯豁。今本《繫辭上》孔子解《謙》卦九三爻時所說：「語以其功下人者也」，所謂「下人」，同樣是能處人下，謙恭、退守之義。帛書下文還說雖然「聰明睿智」、「博聞強識」、「尊祿貴官」，但真正要守的卻是「愚」、「淺」、「卑」，如此之類，同樣是謙恭、退處，而且往復論證，較之今本《易傳》，可以說清晰、詳細了不少。正是在這樣的背景中，它提到了舜：「能下人若此，亓吉也。不亦宜乎？舜取天下也，當此卦」，明確說舜之所以能「取天下」，正是因為「能下人」，即謙恭、處下。舜的這種謙恭、處下就能成功的方式，《尚書·堯典》亦有證。其一則曰舜是「溫恭允塞」，再則說「舜讓於德」，「恭」和「讓」均有低調、處下義。然則，舜「取天下」的風光與低調處事之間的反差是特例嗎？非也。在帛書《易傳》中，我們還可以找到更多同樣是解釋《謙》卦，但也一樣強調謙恭、處下，而且每每也是以古帝王比附。比如，同樣是《繆和》篇，另有弟子問及《謙》卦九三爻辭「勞嗛，君子又冬，吉」，弟子的疑問與莊但類似，那就是天下都喜歡「豐盈」，為何此爻說「勞嗛」反而「吉」？先生的回答與莊但之問類似，直接說「禹之取天（下也），當此卦也」，也是以禹這樣的聖君設譬。那禹是如何「取天下」的呢？文中說「禹（勞）其四枝，苦亓思慮，至於手足駢月底，顏色（黎黑），□□□□□□□□而果君（天）下」，這個解釋可能主要針對爻辭中的「勞嗛」，但能如此安於勞苦之事亦說明其人也是與舜一般低調、恭處的〔註2〕。而且，先生前面還有一句言簡意賅的話「以高下下」，即雖處高位又能謙恭、處下。這與舜的「折其身」、「能下人」如出一轍，說明舜的成功法則確實不是個例。同樣，《繆和》篇下文還提到弟子張射與先生關

〔註2〕關於禹的勞苦，《左傳·襄公二十九年》云：「見舞《大夏》者，曰：『美哉！勤而不德，非禹其誰能修之？』」，所謂「勤」即「勞」，而「不德」即「不伐德」，不自以為是，正是謙恭、退守的作風。另外，《史記·殷本紀》引《湯誥》曰：「……古禹、皋陶久勞於外，其有功於民，民乃有安」，《論語·憲問》云：「禹、稷躬稼而有天下」，《韓非子·五蠹》曰：禹之王天下也，身執耒鍤，以為民先，股無胈，脛不生毛，雖臣虜之勞，不苦於此矣」，均極言禹之勞苦。

於《謙》卦卦辭的討論。張射的疑問是「自古至今，天下皆貴盛盈」，但《謙》卦卦辭卻說「嗛，亨。君子又冬」，這是為什麼呢？這個疑問與前述莊但等相同。先生的回答雖沒有以具體的古代聖君設譬，但觀其主張，亦與上述舜、禹等類似。如說「夫聖君，卑膝屈貌以部孫，以下亓人」，「夫君人者，以德下亓人，人以死力報之」、「能盛盈而以下」，還以天地之道設譬：「天之道，稟高神明而好下」，「地之道，靜博以尚而安卑」，其中的「卑膝屈貌以部孫」，可謂極盡謙恭、處下之能事，而「以下其人」、「以德下其人」、「盛盈而以下」、「好下」都極言能「下」，此與上文舜的「能下人」驚人一致，都是說聖君於此能謙恭處下，放低身段，甘為人下，就能「亨」，且「有終」，其中的價值取向是不言自明的。

　　帛書《易傳》極言舜、禹等能謙恭、處下的古帝王，就我們熟知的帝王譜系來說，似乎少了堯，其實堯也是這樣的。《說苑・敬慎》篇提到孔子與子夏討論《易》的《損》、《益》兩卦，其中即提到堯，而且同樣涉及《謙》卦及「謙」德：

> 孔子讀《易》至於《損》、《益》，則喟然而歎，子夏避席而問曰：「夫子何為歎？」孔子曰：「夫自損者益。自益者缺，吾是以歎也。」子夏曰：「然則學者不可以益乎？」孔子曰：「否，天之道成者，未嘗得久也。夫學者以虛受之，故曰得，苟不知持滿，則天下之善言不得入其耳矣。昔堯履天子之位，猶允恭以持之，虛靜以待下，故百載以逾盛，迄今而益章。昆吾自臧而滿意，窮高而不衰，故當時而虧敗[*]，迄今而逾惡，是非損益之徵與？吾故曰謙也者，致恭以存其位者也。夫豐明而動故能大，苟大則虧矣，吾戒之，故曰天下之善言不得入其耳矣。日中則昃，月盈則食，天地盈虛，與時消息；是以聖人不敢當盛。升輿而遇三人則下，二人則軾，調其盈虛，故能長久也。」子夏曰：「善，請終身誦之。」

該段明確提到堯是「允恭以持之」、「虛靜以待下」，而且認為「謙也者，致恭以存其位者也」，此本出今本《繫辭上》孔子解《謙》卦九三爻辭。所謂「允恭」、「致恭」、「待下」，其與前述舜的謙恭、處下如出一轍。而且，所謂「聖人不敢當盛」的言論，也與帛書《易傳》不主張「豐盈」、「求尊嚴顯貴」、「富厚安樂」等語境極為相似，說明堯的成功也是來自於能夠謙恭、處下的。堯的加入，等於說補齊了謙恭、處下古帝王之譜系的拼圖，再次說明帛書《易

傳》所記舜等古帝王能謙恭、處下確實不是孤立的。

　　帛書《易傳》及很多傳世文獻如此反覆強調舜等古代聖君成功法則在于謙恭、能處人下，尤其是「能下」，不禁讓我們想起前幾年清華簡《保訓》中舜的所謂「三降之德」。為討論方便計，茲將相關內容移錄如下：

　　　　昔舜舊（久）作小人，親耕於鬲丘〔註3〕，恐救中自詣，卑志
　　不違於庶萬姓之多欲，卑有施於上下遠邇。乃易立（位）埶（邇）
　　詣，測陰陽之物，咸順不逆。舜既得中，言不易實變（變）名，身
　　茲服惟允，翼翼不懈，用作三降之德。帝堯嘉之，用受卒緒。（簡4
　　～簡7）

文中舜的行事也頗與帛書《易傳》相合。如說他「親耕於鬲丘」，此與《繆和》所記禹的「禹（勞）其四枝，苦亓思慮……」之勞可謂一致。另外，《保訓》還提到他「舊（久）作小人」，而我們知道，《周易》卦、爻辭中，常以「君子」、「小人」對言：「君子」指統治者，「小人」指普通民眾。前面《繆和》說「君子者，夫古之聖君」，又說「君子之所以折其身」，而且「聰明睿智守以愚，博聞強識守以淺，尊祿貴官守以卑，若此，故能君人」：這裡一方面以「君子」是統治者，另一方面，「君子」要成為萬民歸服的統治者，謙恭、處下，或者說先做低調磨礪的「小人」就是必由之途。下文還說他「身茲服惟允，翼翼不懈」，所謂「翼翼不懈」，可謂極言其恭敬、謹慎。另外，《保訓》講舜的這段話，學者多已指出其與《尚書·無逸》之間的關聯〔註4〕。《尚書·無逸》述殷王中宗、高宗、祖甲及文王之行事，從文詞到語境可謂極為相近，且看：

　　　　「昔在殷王中宗，嚴恭寅畏，天命自度，治民祗懼，不敢荒
　　寧。……其在高宗，時舊勞於外，爰暨小人。……不敢荒寧，嘉靖
　　殷邦。……其在祖甲，不義惟王，舊為小人。……爰知小人之依，
　　能保惠於庶民，不敢侮鰥寡。……厥亦惟我周太王、王季，克自抑
　　畏。文王卑服，即康功田功。徽柔懿恭，懷保小民，惠鮮鰥寡。自
　　朝至於日中昃，不遑暇食，用咸和萬民。文王不敢盤於遊田……自
　　殷王中宗及高宗及祖甲及我周文王，茲四人迪哲。」

〔註3〕舜的行事，亦可參上博簡《容成氏》：「昔者舜耕於鬲丘，陶於河濱，漁於雷澤，
　　　　孝養父母，以善其親，乃及邦子，堯聞之而美其行。」（簡13～14）。
〔註4〕參李學勤《論清華簡〈保訓〉的幾個問題》，《三代文明研究》，商務印書官2011
　　　　年，第141頁。

這段講商周四王的行事，有這樣三個特點值得注意：一，屢說他們「不敢荒寧」，其實即恭敬謹慎，這與《保訓》舜的「翼翼不懈」非常一致；二，多說他們安於農事之勞，如「舊勞於外」、「康功田功」，這也和《保訓》舜的「親耕於鬲丘」一致；三，這段還多提到這些聖王們與「小人」的聯繫，如「爰暨小人」、「舊為小人」、「小人之依」，下面的「懷保小民」之「小民」實亦「小人」，如此之類，與《保訓》說舜的「舊（久）作小人」（《無逸》的「舊為小人」與之簡直如出一轍）亦相一致，都指他們或出身低賤，或能善待小民。從商周四王的「不敢荒寧」、安於田功、親近「小人」，可知他們也是謙恭、謹慎的，此與帛書《易傳・繆和》所記舜的行事作風及成功法則完全一致，這又將古代聖王謙恭、謹慎的譜系又下延到了商周。那商周的四王是否也「能下」呢？回答也是肯定的。文中提到文王安於田功時說他「卑服」，「卑」即「下」也。而起於「小人」，又能親近「小人」，顯然此四王也是「能下」的。既然帛書《易傳》及很多傳世文獻都講以舜為代表的古帝王不但謙恭，而且「能下」，《保訓》雖見舜之恭謹，但卻未見「能下」，是其遺漏乎？非也。我們認為其中的「三降之德」即是，所謂「降」，即「下」也。

自清華簡《保訓》公布以來，所謂舜之「三降之德」向有多說。或指「三降」為「三隆」；或以「三降之德」為天、地、人三德；或讀「降」為「愉」，因此解「三降」即「三樂」；或讀「降」為「陟」，因此將「三降」理解為古代的考績制度〔註5〕。晚近曹峰先生對此問題重加討論，提出兩個方向：一是將「三降之德」理解為「美德降於民間」、「舜多次降於民間之德」。另一說是認為「三降之德」就是「恭謹謙卑之德」，而且認為後一說可能性更大。在我們看來，曹氏所舉兩說的後一說可能是最為合理的。在這方面，帛書《易傳》對舜等古帝王行事的記載，可以提供有力的證據。當然，曹氏的「恭謹謙卑」，我們可以進一步具體為「謙卑處下」，尤其是「處下」、「能下」是應該突出強調的。帛書《易傳・繆和》所記舜之謙恭「能下」，提醒我們「三降之德」之「降」其實就應該理解作「下」、「能下」來理解。從訓詁學上說，「降」訓「下」本來就是常訓。《爾雅・釋言》「降，下也」。《釋詁》又將「下」、「降」同訓向下的動作「落」。《禮記・月令》：「天氣下降，地氣上騰」，今「下降」直是同義複指詞。《禮記・樂記》云「升降上下」，「升降」實與「上下」對文，「降」

〔註5〕參見曹峰《〈保訓〉的「中」即「公平合理」之理念說》（《文史哲》2011年第6期）所引各家之說。下引曹說俱見該文。

—60—

亦「下」也。典禮場合屢見的「升降」、「降階」、「降拜」，其中之「降」均以
訓「下」為宜。《左傳・昭公三年》提到「公室之卑」，舉例說「欒、郤、胥、
原、狐、續、慶、伯，降在皂隸」，「卑」正對於「降」，而「卑」亦「下」也。
不只《保訓》的「三降」之「降」當作「下」，文獻中確實也不乏與此篇類似
的「能降」或者說「能下」就能成功或得益的記載。如：

《左傳・襄公二十四年》：「貴而知懼，懼而思降，乃得其階，
下人而已，又何問焉？且夫既登而求降階者，知人也」。

《左傳・襄公二十七年》：「子展其後亡者也，在上不忘降。」
這兩則材料的具體背景是這樣的：襄公二十四年晉國的程鄭很得晉侯寵信，
做到了下軍之佐的高位，但鄭國的公孫揮來訪時，他卻向其請教如何才能「降
階」。這種反常的問題讓公孫揮一時語塞，回國後向然明請教。然明雖然不看
好程鄭，但也提到「既登而求降階者，知人也」，認為他是明智之人。而且，
然明點出「降階之由」在於「下人而已」，即甘處人「下」，一「下」字，正
昭示「降」的意蘊，此與前述帛書《易傳》中舜、禹等人的「能下」亦相一
致。襄公二十七年晉國趙文子由鄭之諸卿賦詩而泛論「七穆」，認為子展這一
支應該是享世最久的，原因就在於子展雖為執政之卿，但「在上不忘降」，其
地位之高和處事之低調、謙下也形成鮮明對比，而只有這樣的人才能「後亡」，
其價值取向也是顯而易見的。所謂「在上不忘降」，其實即「在上」能「下人」。
至於文獻中徑言能「下」而得益的例子就更多了：

《左傳・僖公十二年》：「管仲受下卿之禮而還。君子曰：『管
氏之世祀也宜哉！讓不忘其上。』」

《左傳・宣公十二年》：「楚子圍鄭。……三月克之。……鄭伯
肉袒牽羊以逆，……左右曰『不可許也，得國無赦。』王曰：『其
君能下人，必能信用其民矣，庸可幾乎？』」

《左傳・昭公元年》：「子晳，上大夫；女，嬖大夫，而弗下之，
不尊貴也。」

《左傳・昭公三年》：「鄭伯如晉，公孫段相，甚敬而卑，禮無
違者，晉侯嘉之，授之以策。……伯石之汰也，一為禮於晉，猶荷
其祿，況以禮終乎？」
僖公十二年因為管仲平戎有功，周王享之以「上卿之禮」，但管氏其人寧願受

之以「下卿之禮」，於此受到很高的評價，「君子」甚至認為他「世祀也宜哉」。宣公十二年楚圍鄭，在鄭伯已成階下囚的情況下，楚莊王卻最終赦之，原因就在於楚莊認識到「其君能下人」，因此國運不可限量，也說明時人對「能下人」評價是很高的。昭公元年的「變大夫」即「下大夫」，面對「子晳」這樣的「上大夫」，「下之」就是應該的，反之則違禮。昭公三年則更有意思，公孫段（即伯石）本來非常汰侈、跋扈，但偶而一次去晉國卻把自己包裝得「甚敬而卑，禮無違者」，所謂「敬而卑」，「卑」即「下」也，又是恭敬、謙下，由此晉君大悅，故多有賞賜。再次說明古人對於恭謹、謙下能得益是有廣泛共識的。

此外，關於「能降」，曹文重點討論之《詩·商頌·長發》的「湯降不遲，聖敬日躋」也是很好的例子。關於「湯降」的「降」，鄭箋云：「降，下也」，具體地說就是「湯下士尊賢」，所謂「下士」同樣說明能「下人」。一則能「降」，另一方面又「聖敬日躋」，毛傳解「躋，升也」：一「降」一「升」，這種反差也與舜行事的低調與最後的成功恰相映照。後來的文獻也多是如此理解的。《國語·晉語四》提到當重耳流亡到宋國時公孫固向宋襄公進言：

> 公孫固言於襄公曰：「晉公子亡，長幼矣，而好善不厭，父事狐偃，師事趙衰，而長事賈佗。狐偃其舅也，而惠以有謀。趙衰其先君之戎御，趙夙之弟也，而文以忠貞。賈佗公族也，而多識以恭敬。此三人者，實左右之。公子居則下之，動則諮焉，成幼而不倦，殆有禮矣。樹於有禮，必有艾。《商頌》曰：『湯降不遲，聖敬日躋。』降，有禮之謂也。君其圖之。」

此段引《商頌》的「湯降」來比況重耳。然則，重耳是如何行事的呢？其中明確說他對於狐偃、趙衰、賈佗等三人是「居則下之」，也是說他能恭謹、謙下，即能「下人」，準此，則與「湯降」之「降」亦相契合。孔穎達為《商頌》作「正義」亦引到《晉語》此段，即明確以其中的「降」為「下賢」，也就是禮賢下士之義。不過，該段又說「降，有禮之謂也」。然則，「有禮」何關乎「降」或者說「能下」？因為禮讓的原則就意味著不爭、謙恭和退處。前舉《左傳·昭公三年》說公孫段「甚敬而卑，禮無違者」，「敬而卑」正對應著「禮」。下文的「一為禮於晉」，所謂「為禮」即指公孫段其人的「敬而卑」，而「卑」即「下」也。另外，《禮記·表記》引孔子語說「朝廷不辭賤」，正義謂「此廣明為臣事君之禮」，處「賤」也是禮的原則，而「處賤」顯與「處

下」同義，也是強調謙恭、退處。《左傳·昭公二十五年》所說：「將求於人，則先下之，禮之善物也」〔註6〕，能先「下之」，倒是「禮之善物也」，再次說明在禮的背景下，能謙卑、辭讓、「處下」是首要原則。

《說苑·敬慎》篇周公在伯禽封魯之際，專門告誡他，其中多有憂患之思。其中也引到了《商頌》的「湯降」典故：

> 「吾聞之曰：德行廣大而守以恭者榮，土地博裕而守以儉者安，祿位尊盛而守以卑者貴，人眾兵強而守以畏者勝，聰明睿智而守以愚者益，博聞多記而守以淺者廣。此六守者，皆謙德也。……故《易》曰，有一道，大足以守天下，中足以守國家，小足以守其身，謙之謂也。『夫天道毀滿而益謙，地道變滿而流謙，鬼神害滿而福謙，人道惡滿而好謙。』是以衣成則缺袵，宮成則缺隅，屋成則加錯；示不成者，天道然也。《易》曰：『謙亨，君子有終吉。』《詩》曰：『湯降不遲，聖敬日躋。』其戒之哉！子其無以魯國驕士矣。」〔註7〕

值得注意的是，此段周公告誡之語也主要是從《謙》卦發揮：既有《謙》卦的卦辭，也有彖傳，——這其實已經決定了其中「湯降」的語義背景，它同樣也應該是宣揚恭敬、謙下的。「湯降」之後還力主「戒」，要求不要「驕士」，所謂不「驕士」，就意味著能「下士」、「處下」。這與《晉語》所講重耳的行事也是一致的。其中所謂德行廣大守以恭、土地博裕守以儉、祿位尊盛守以卑、人眾兵強守以畏、聰明睿智守以愚、博聞多記守以淺的六大謙德，以及非常具體的「衣成則缺袵，宮成則缺隅，屋成則加錯」〔註8〕都可以說是能「降」、能「下」的典型案例。

此外，《禮記·孔子閒居》同樣引到《商頌》的「湯降」，其文稱：

> 「孔子曰：『奉三無私以勞天下。』子夏曰：『敢問何謂三無私？』
> 孔子曰：『天無私覆，地無私載，日月無私照。奉斯三者以勞天下，此之謂三無私。其在《詩》曰：『帝命不違，至於湯齊。湯降不遲，

〔註6〕《國語·晉語四》也有與之類似的話：「《禮志》有之曰：『將有請於人，必先有入焉。欲人之愛己也，必先愛人。欲人之從己也，必先從人。無德於人，而求用於人，罪也。』」

〔註7〕此事又《韓詩外傳》卷三。另外，該書卷八「孔子曰：《易》先《同人》後《大有》，承之以《謙》」章內容亦與之相近。

〔註8〕以上數語亦見《繆和》篇張射與先生之問對，其文作「使祭服忽，屋成加錯，宮成幹刃隅」。

聖敬日齊」〔註9〕

此段主要措意「無私」，然則「無私」何關乎「能下」？我們同樣可以引《老子》來證明，其第7章云：「聖人後其身而身先，外其身而身存。非以其無私邪！故能成其私」。「後其身」的「處後」其實是「處下」的同義語，這樣就是「無私」了。由此可知，「無私」也是能「降」、能「下」的。

由上述所論看，古文獻中所謂能「降」就意味著能「下」，他主要指其人能夠謙恭、處下，低調退守，如此反而能夠成就功名。而且，很多時候，古代如堯舜這樣的帝王還正是這樣謙恭、處下的典範。由此，在政治倫理上，能「降」也就為一種美德。文獻中專門稱之為「德降」。如《逸周書·和寤解》、《成開解》說「德降為則」，《本典解》也提到「德降則信」，甚至《左傳·莊公八年》引逸《書》還有「德乃降」之語。傳統上，多將「德降」理解為主謂詞組，即仁德普降之義，我們認為「德降」應該理解為「降德」，即能「降」、能「下」之德〔註10〕。另外，關於《左傳》此處引逸《書》的「德乃降」，向為偽《古文尚書》辨偽的關鍵點。杜注「降」為「降服」，但孔安國卻說「降，下也」。陸德明對此字「江巷反」的音注說明也同於孔安國而異於杜注。而且，《左傳》明說所引是《夏書》，涉及的人是皋陶，此人也是虞夏之際與舜、禹等多有接聞的著名賢臣，聯繫到前述帛書《易傳》及傳文獻中舜等聖君的謙下，皋陶也當有此種美德。《尚書·皋陶謨》其自稱「慎厥身」、「無教逸欲有邦，兢兢業業」，所謂「慎」、「無教逸欲」、「兢兢業業」同樣合於舜的謙恭、處下。這不只說明「德乃降」可能確當為逸《書》語〔註11〕，亦可證孔安國「下」的訓釋確有來歷。再從《左傳》此處引《書》的背景看，此年齊魯相約「圍郕」，但郕獨降於齊師，故仲慶父請伐齊師。魯莊公不同意，才引了「德乃降」的典故。他的解釋有這樣兩點值得注意：一是「我實不德」，二是「姑務修德」。然則「不德」、「修德」說明了什麼呢？我們可以拿與此相近之事例作比較。《左傳·僖公十九年》記：「宋人圍曹，討不服也」。子魚向宋襄公進言提到「文王伐崇」的典故：「文王聞崇德亂而伐之，軍三旬而不降，退修教

〔註9〕 此事又見《孔子家語·論禮》篇。
〔註10〕 黃懷信先生亦訓「三降」之「降」為「下」，良是。但又謂「下」為「下到民間」，隱約還是以「德降」為主謂語，黃說參《清華簡〈保訓〉補釋》，《考古與文物》2013年第2期。
〔註11〕 晚近杜勇先生對此重加申論，可參其《〈左傳〉「德乃降」辨析》，《〈尚書〉周初八誥研究》（增訂本），中國社會科學出版社2017年，第264頁。

而復伐之，因壘而降。……今君德無乃猶有所闕，而以伐人，若之何？盍姑
內省德乎？無闕而後動」。晉文公伐原〔註12〕的例子也與此相似。我們發現他
們都有一個共同的特點，那就是對於一個待攻取之國，都是先來硬的不行，
都要回去或「省德」、或「修教」才行。所謂拋棄專憑武力，而「省德」、「修
教」，其實就是謙恭、能「下」，因此孔安國訓「下」確實是對的。但孔穎達
之正義將此「下」理解為「德乃下洽於民」、「皋陶能布行其德」，還是將「德
乃降」理解為主謂詞組，則非是。按之文理，此「下」亦當理解為低調謙恭、
能「下」，皋陶是這樣的，引此書的魯莊公因此退師，主張回去「姑務修德」，
其實也是這樣的。——能「降」、能「下」，按照《逸周書》的說法，既可「為
則」，即堪為做事的準則；又能取「信」於人，這與舜等聖王的成功也完全一
致。準此，《保訓》篇所述舜的「三降之德」，「三」當係概言其多，「降」當
理解為「下」，故所謂「三降之德」當指能夠多次謙下之德。

〔註12〕事見《左傳‧僖公二十五年》及《國語‧晉語四》。

《毛詩鳥獸草木蟲魚疏》中的漢魏風物

曹建國、易子君

（武漢大學文學院 湖北 武漢 430072）

　　《毛詩草木鳥獸蟲魚疏》是《毛詩》名物訓詁的重要著作〔註 1〕，《四庫全書總目》云：「講多識之學者，固當以此為最古焉。」概言之，後世《毛詩》名物的研究成為專門之學，當推此書首創之功。它的作者是三國時吳郡人陸元恪〔註2〕，生卒年及生平事蹟均不詳。學界目前關於《毛詩草木鳥獸蟲魚疏》（以下簡稱「陸氏《疏》」）的研究還不是很多，且多著眼於作者考辨；或是關於文本的歷史衍變及現今可用版本的分析與搜羅；或是對全書的體例、內容分類、特點及對後世詩經學的影響等方面的整體介紹；或者從語言學的角度對其中的名物進行方言、詞源、詞彙等方面的整理與探討。〔註3〕但這些研究似乎對文本本身的關注還不夠，細緻的文本梳理也不多見。而從具體內容入手可以發現，陸氏《疏》中保留了大量的魏晉時期的民俗文化，涉及到飲食、醫學、生產、娛樂、信仰和民間傳說等諸多方面。這些記載猶如一幅幅

〔註 1〕本文引陸氏《疏》以清代丁晏《毛詩草木鳥獸蟲魚疏校正》為底本，《續修四庫全書》本，上海：上海古籍出版社，1996 年 1 月。夏緯瑛《植物名釋箚記》，北京：農業出版社，1990 年 12 月。

〔註 2〕關於陸氏之名，前人理由說法不一，或以為「機」，或以為「璣」。顏慧萍在《陸璣及其學術考述》一文中對此有比較完整的總結，今大都以為陸璣更可信。而夏緯瑛先生在《〈毛詩草木鳥獸蟲魚疏〉的作者——陸機》一文中從古人所取名與字之間的關係入手，認為「恪」與「機」恰好含義相反，並以新發現的日本舊藏古本《一切經音義》和《玉燭寶典》中的相關文字為參考，認為《毛詩草木鳥獸蟲魚疏》的作者名當為陸機。綜合諸多因素，本文採信「陸璣」說。

〔註 3〕相關代表論文主要有：夏緯瑛《〈毛詩草木鳥獸蟲魚疏〉的作者——陸機；徐建委《文本的衍變——〈毛詩草木鳥獸蟲魚疏〉辯證》；羅桂環《古代一部重要的生物學著作——〈毛詩草木鳥獸蟲魚疏〉、顏慧萍《陸璣及其學術考述》；華學誠《論〈毛詩草木鳥獸蟲魚疏〉的名物方言研究》等。

豐富多彩的風俗畫，向我們展現了漢魏時人真切可感且趣味十足的生活面貌和精神情趣。

一、飲食與醫療

（一）飲食習慣

　　飲食是現存陸氏《疏》中占內容比例最多的部分，全文中共計 48 條內容與「吃喝」二字有關，其中草類 28 條，木類 12 條，鳥獸蟲魚類總 8 條，而從這些文本描述中，今人也可以大致瞭解魏晉，尤其是三國時期的些許飲食習俗。其中可供食用的動植物種類所涵蓋範圍之廣博不必細說，僅其中展現出的花樣繁多的飲食方式就令人讚歎，要知道《毛詩草木鳥獸蟲魚疏》並不是一部「食經」，同晚於它的列專章記錄食譜的《齊民要術》的定位也完全不同，以下擇要對此進行展現。

　　1、生食。這種最原始也最簡單的食用方法在陸氏《疏》中有相當多的記載，其中有些種類是流傳至現今仍普遍為人熟知沿用的。如荷及其果實（「有蒲與荷」條），陸氏稱：「其（荷）實蓮，蓮青，皮裏白，子為的，的中有青，長三分，如鉤，為薏，味甚苦，故俚語曰『苦如薏』是也。的五月中生，生啖脆。」其中的「蓮的」即今人食用的蓮子，「薏」即蓮心，今人也常生吃。但更多的是今人絕少食用甚至難以識別的，或者說即使食用也必定經烹煮處理後食用，如蔞蒿的旁莖（「言刈其蔞」條），陸氏稱：「正月根芽生，旁莖正白，生食之，香而脆美。」蔞蒿，又稱蘆蒿、藜蒿、泥蒿、水蒿等，從古至今都是一道不可或缺的美食。但今人大都將蔞蒿單獨或與其他肉類火炒後、或者是入沸水焯透後涼拌食用，如陸氏《疏》中記載不經任何處理、即取即食的方式則幾近於無〔註4〕。而除荷與蔞蒿外，其餘的就基本屬於今人食用範疇之外了，如蒲「生啖之甘脆」（「有蒲與荷」條），它學名水燭，與蘆葦相似，除非饑荒等特殊情況，想來決計不會成為現今常人的生食對象。粗略統計，書中直言可以生吃的生物不下 13 種之多，集中在「草」「木」兩類，活吃動物倒是沒有，除上述荷、蔞、蒲諸草、還有蘋、繁、莪、薇、苢、苕、莫等野草的莖葉〔註5〕，以及鬱、樹檖、枳枸等樹木的果實，可見豐盛。

〔註4〕蘆蒿的食用歷史悠久且吃法眾多，可參閱胡畏《話蘆蒿創「蘆蒿宴」》一文。
〔註5〕高智《〈詩經〉裏的菜園子》一文介紹了薇菜、莕菜、卷耳、水芹、茉苢等五種蔬菜。

考慮其中的原因，儘管陸氏《疏》中並沒有一一指出究竟是哪一社會階層在採用這種吃法，但仍舊可以從當時的社會環境著眼，雖然漢魏以來較前代在飲食方面進步不少，也更加精細精緻，甚至有大量「《食經》類」書籍出現。但是這一時期天災不斷，政權更迭頻繁，戰亂更是家常便飯。普通百姓往往流離失所，農耕荒廢，即使有了短暫的安定生活也是遭到貴族門閥的盤剝，在吃食上沒有條件也沒有資格講究，也正是由於這種大的社會背景所限，《中國風俗通史‧魏晉南北朝卷》在考察比較後也認為：「以糧食和蔬菜為主的素食結構是民間普遍的食俗。」〔註6〕所以在物質豐富的今人看來這或許是不可思議的，但那樣的時代這麼大範圍的生吃對象實際上不足為奇。

2、蒸煮。這一食用方法在陸氏《疏》的「飲食」內容中所佔比例最大，上述可供生食的絕大部分品種都可同時通過蒸煮食用。具體而言，可供「蒸」食的包括蘋、萍、藜、莪、蔞、菖、芑、萊等草類，其中有一點需稍加注意，那就是「糝蒸」，書中記載「（蘋）季春始生，可糝蒸以為茹。」（「于以采蘋」條）這種植物就是常見的水上浮萍，它根莖一體，頂端有四片對稱的小葉，是細嫩柔軟的好食材，《禮記‧內則》稱：「糝，取牛、羊之肉，三如一，小切之。與稻米二，肉一，合以為餌，煎之。」此處的「糝」應當是肉和米麵而成的一種糊狀物。謂無米以和羹。《莊子‧讓王》也稱：「孔子窮於陳、蔡之間，七日不火食，藜羹不糝。」成玄英疏言：「藜菜之羹，不加米糝。」此處指無米以和菜羹的情形，「糝」又著重指明了米糊一點。雖則「糝」究竟為何隨著時代變化而難以說清，但總體而言，陸氏《疏》所言應當是指將蘋草與少許米麵混合成湯糊狀，然後加以蒸食，至於有無肉類尚未可知。可供「煮」食的包括苄苡、杞、卷耳、薇、匏葉、莫、荑蘭等草類，以及「其葉如榆，瀹為茹，美滑於白榆」的樞等木類的葉子（「山有樞」條），以及「其肉甚美，可為羹臛」的鴞等鳥類（「翩彼飛鴞」條）。

僅陸氏《疏》中蒸煮的湯類菜品就又可細分為羹、臛、䰞數種，這其中便涉及了羹、臛、䰞，尤其是羹臛的分化與異同問題，直到東漢王逸注《楚辭‧招魂》「露雞臛蠵」時尚有明確分別：「有菜曰羹，無菜曰臛。」但到了北魏賈思勰時就已經是羹臛混稱了，《齊民要術》中就沒有將其分別列目而總稱「羹臛法」，王子輝認為：「古代的羹與臛是沒什麼嚴格區別的，只是有菜、

〔註6〕張承宗、魏向東《中國風俗通史‧魏晉南北朝卷》，上海：上海文藝出版社，2001年11月，第71頁。

無菜的微細之分。但這似乎只在歷史的短暫時期是如此。後來的發展變化，早已使這個微細的區分失去了現實意義。至少在南北朝時期，羹與臛的命名已不是按照肉羹中有菜與否來區分了。」〔註7〕而從陸氏《疏》中則將其平行羅列：「梅，杏類也，樹及葉皆如杏而黑耳，曝乾為臘置羹、臛、韲齏中，又可含以香口。」（「摽有梅」條）同時，文中提及作「羹」的有杞、薇、莫、菲、匏葉五種，全是菜類，無一有肉，而魚肉類鱣又直言其「可蒸為臛」（「有鱣有鮪」條）。可見，至少這三種、尤其是羹臛，在三國時代仍然是按有菜、無菜加以比較嚴格的區分的。至於韲類菜肴，文中進一帶而過，此處也不再多說。

除上述兩種使用最廣泛（至少從占陸氏《疏》內容比例來看如此）的食用方法外，該書還記載了一些其他別有風味的飲食樣式。

3、燒烤。這一食法在古代被稱為「炙」，《說文》解釋為「從肉，在火上」，就是將原料以火燒烤而後食用。陸氏《疏》記載別有一例燒烤野菜：「蒿，青蒿也，香中炙啖，荊豫之間，汝南、汝陰皆云菣也。」（「食野之蒿」條）菣也即香蒿是青蒿的一種，後來的沈括所說的「陝西綏、銀之間有青蒿，在蒿叢之間，時有一兩株，迥然青色，土人謂之『香蒿』。莖葉與常蒿悉同，但常蒿色綠，而此蒿色青翠，一如松檜之色。至深秋，餘蒿並黃，此蒿獨青，氣稍芬芳。恐古人所用，以此為勝」〔註8〕大概就是此處的「香中」青蒿。另兩處均為肉類，其一是鳥類鴞，別稱鴟鴞或貓頭鷹；其二是蟲類，蜉蝣形似有翅膀的甲蟲，陸氏稱它「今人燒炙，噉之，美如蟬也」（「蜉蝣之羽」條），雖在「蜉蝣」條下，卻可見不僅是蜉蝣，燒烤蟬蟲同樣是一道美味，在當時烤吃蟲子的尋常程度反倒不如今日少見。事實上，魏晉時期燒烤食譜之豐盛程度遠不止這一二點，根據今人統計研究來看，因為游牧民族大量進入中原，所以燒烤相對普及且原料品種很多，除羊肉、豬肉等為主外，不乏黃雀、鵝、牛心、牛百葉及其他動物內臟等頗具特色的炙類菜肴。〔註9〕

4、醋泡。醋在古代典籍又被稱酢、醯、苦酒，《傷寒雜病論》中有一「苦

〔註7〕王子輝《中華飲食文化論》，西安：陝西人民出版社，2006年，第199頁。

〔註8〕沈括、胡道靜《新校正夢溪筆談》，北京：中華書局，1957年11月，第270頁。

〔註9〕邱龐同《魏晉南北朝菜肴史——〈中國菜肴史〉節選》，《揚州大學烹飪學報》，2001年第2期，第26～27頁。張承宗、魏向東《中國風俗通史·魏晉南北朝卷》，上海：上海文藝出版社，2001年11月，第37～38頁。

酒湯」流傳至今，專治咽喉發言腫痛甚至不能發聲的疾病，當中的「苦酒」
就是指米醋。傳統工藝中糧食經過發酵等程序可以轉化為酒，在醋酸菌的作
用下可以進一步發酵為醋酸，所以自古存在「釀酒不成反成醋」的情況，因
此在很長一段時間內「苦酒」都是醋的代名詞。陸氏《疏》中留存的醋泡食
物品種包括蒲、荇、蘋等草類，或煮後醋泡，如蒲「煮而以苦酒浸之，如食
筍（筍）法」（「有蒲與荷」條）；或直接醋泡食用，如荇「其白莖以苦酒浸之，
脆美，可案酒」（「參差荇菜」條）〔註10〕、蘋「可用苦酒淹以就酒」（「于以
采蘋」條）。而這些醋泡後的菜品竟大都用作「案酒食」，可見今人以醋泡涼
食為下酒菜或開席前小菜這一傳統也算是由來已久了。此外，陸氏還記載了
一種更加有趣細緻的改良版的醋泡方式，名字叫做「蜜度」：「（楙）欲啖者，
截著熱灰中令萎蔫，淨洗以苦酒、豉汁蜜度之，可案酒食，蜜封藏百日乃食
之，甚美。」（「投我以木瓜」條），繆啟愉在校釋《齊民要術》引用的此一句
時將「蜜度」解釋為：「『度』，通『渡』，就是在醋（『苦酒』）、蜜等調和的液
汁中作短時間的浸漬。」〔註11〕姑從此說，將洗淨後的萎蔫木瓜在酸甜汁液
中浸泡食用，算得上做工比較精細了。

　　5、炮。上述提及將生木瓜放入熱灰中的處理方式統稱為炮，《齊民要術》
中便記載了一道魏晉時期由波斯傳入中國的名菜，將羊肚及肉放入燒熱的坑
中並以灰覆蓋煨熟，名作「胡炮肉」。事實上中國早先就有此方法，鄭玄注《禮
記·禮運》「以炮以燔」說：「炮，裹燒之也。」炮豚就是周代的八珍之一。
炮有兩種情況，一種是比較繁瑣精細的，先用泥、麵、荷葉等把食物塗裹後
再置於火中煨烤，有的甚至以熱灰覆蓋後再以傳遞後的火溫煨烤。另一種就
是陸氏《疏》中提到的比較簡單的，直接把食物放在火中或帶火的灰裏煨熟，
上述木瓜在熱灰中炮熟後還用水洗淨再處理，而葍草根則是「其根正白，可
著熱灰中，溫啖之」（「言采其葍」條），葍又稱燕葍、旋葍等，現代學名旋花，
地下根莖甘甜。後一種簡單吃法與現今農村火坑灰堆中埋番薯、土豆、荸薺
等物，待炕熟後食用的方式類同。

　　除上述幾種外，陸《疏中》提及的食用方法還有鮓、醬、醃、曝曬等，
另有花椒葉和「豉」這種魏晉始創的調味品，熊白、狼油等珍奇美味，以及

〔註10〕可參閱趙褘缺《說「荇菜」》一文。
〔註11〕賈思勰、繆啟愉《齊民要術校釋》，北京：農業出版社，1982年11月，第224
　　　　頁。

用檞樹葉子作茶並用椒樹葉與茶葉合煮做香料的情形，然而書中都僅一帶而過，此處也不便再延伸。總而言之，由上基本可見，三國時期的食材範圍已經相當廣泛，肉類、蔬菜類、瓜果、調料等應有盡有，食用方法如上文所列也是多種多樣，此外，還有兩點更大的發展表現：其一，一物多吃，物盡其用，充分挖掘並發揮一種食材在不同生長階段的食用價值，如鱧魚既可以蒸了作䱥，又可以作魚鮓，魚子又可以作醬；蒩葉、莫等草類在剛生長時食用、而茶也即苦荼在霜降後食用更加甜脆可口；有的得在春天吃，有的得在秋天吃，都是各有講究。其二，同一食材在不同地區的口感有高下之分，不同品種也有優劣之分，如同樣是吃榛子，又稱山板栗，陸氏《疏》中就詳細記錄了漁陽、范陽地方的甜美味長，倭、韓國諸島上的短味不美，還比較了奧栗、茅栗、佳栗等不同品種，對「吃」之一字觀察細緻。不難看出，這一時期的社會飲食生活十分豐富，而這要歸功於農林牧副漁的發展，肉類、蔬菜、瓜果等買賣市場的出現，科技進步帶來的食品加工、保存方法的多式多樣等多方面的因素。〔註 12〕這一時期的人們普遍關注食物本身的食用價值和人在味覺上的享受，有意識的從審美、文化的層面對待飲食活動，並且上至宮廷貴族、下至黎民百姓都願意在「吃喝」上仔細鑽研以求花樣百出，這同樣是魏晉時期作為一個思想文化自覺、多元時代的重要體現。

（二）醫藥養生習俗

漢末三國時期的醫學和藥學都有了較大的進步，相關代表人物和著作也不在少數，今人耳熟能詳的如張仲景及其《傷寒雜病論》和華佗及其失傳的《青囊經》，前者重理論與方藥記載，後者善外科治療；此外還有一些他們的後輩，如樊阿以針灸聞名，吳普和李當之都精於藥性，並分別著有《吳普本草》和《本草經》傳世。陸氏《疏》中主要記載了五種可入藥的動植物〔註 13〕，其中蝱，也即藥草貝母與鼉，也即合藥鼉魚甲兩種僅一帶而過，剩下三種記錄較詳，又可分為兩種情況。其一，特定用藥。芣苢這種植物因為喜歡在牛腳印中生長，所以又被稱為馬舄、車前、當道，中藥名為車前子，屬於現代植物分類當中的車前科，陸氏稱「其子治婦人難產」（「采采芣苢」條），該功

〔註12〕劉春香《魏晉南北朝時期飲食文化的發展及其原因》，《許昌學院學報》，2003年第 4 期，第 47〜50 頁。

〔註13〕《詩經》中的藥用植物遠不止此，參劉昌安《從多維視角看〈詩經〉植物的藥用價值及文學功能》一文。

用為後世各「本草經」徵引。陸氏《疏》中雖未像藥書一樣指明車前子利水清熱、明目祛痰等藥效，但仍可見它是在難產等特定場合中作為治病藥材使用而非平常服用。

其二，日常養生。蓫菜即商陸，別稱羊蹄或倒水蓮，嫩莖葉可做蔬菜食用，根部肥厚肉質，洗淨切片（塊）曬（陰）乾後可入藥，中藥名即為商陸，口服具有逐水消腫、通利二便，外用可解毒散結。陸氏《疏》稱其「多啖令人下氣」（「言采其蓫」條），「下氣」即中醫所說的「矢氣」，指腸胃鬱結而排泄氣體，《雜病源流犀燭·諸氣源流》有言：「所納穀食之氣，從內而發，不致宣通，往往上行則多噫氣，上行不快，還而下行，因復下氣也。」陸氏在此處記載的蓫菜的藥用價值是通過吃用食物的方式達到的，而這種食療而非用藥的方法在後世便有了更多更複雜的花樣，比如《聖濟總錄》記載的「商陸豆方」：「生商陸（切如麻豆）、赤小豆等分，鯽魚三枚（去腸存鱗）。上三味，將二味實魚腹中，以綿縛之，水三升，緩煮豆爛，去魚，只取二味，空腹食之，以魚汁送下，甚者過二日，再為之，不過三劑。」可治水氣腫滿、通大小便，與「多啖令人下氣」有異曲同工之妙。無獨有偶，杞樹形如樗也即臭椿，一名苦杞，一名地骨，它的果實應當是所謂的枸杞子，根莖皮是藥材地骨皮，陸氏《疏》記載「莖、葉及子服之，輕身益氣」（「集于苞杞」條），可見與使用芣苢方法不同，芣苢是作為助產的一味藥材，而杞是作為日常食用的養生手段居多，這種意識在後世的文獻記載中就更加詳細了。唐代孟詵在《食療本草》中認為枸杞「堅筋耐老，除風，補益筋骨，能益人，去虛勞」，這是把枸杞作為養生飲食的一種，宋代的《聖惠方》、《聖濟總錄》等也對枸杞保健方有所記載：「枸杞葉一斤，羊腎一對（細切），米三合，蔥白十四莖。上四味細切，加五味煮粥，如常法，空腹食。」這道枸杞羊腎粥；或者不加羊腎：「枸杞葉半斤（切），粳米二合。上件以豉汁相和，煮作粥，以五味末蔥白等，調和食之。」只是單獨的枸杞粥，都能達到治陽氣衰和五勞七傷等陸氏所說的「輕身益氣」的功效〔註14〕。由此可見，行醫如做廚、吃藥不如食補的中醫養生意識及方法，至少在陸氏時代就已經算是深入人心了。貧寒的普通百姓儘管不能如同世家貴族一樣有閒錢和暇時，可以服寒食散、尋求仙藥、煉製金丹、修煉氣功等以追求長生不老，但他們仍然可以利用這些天生天養、隨處可見的植物，稍加處理作為日常食用，同樣能打到養生保健的

〔註14〕可參閱孫鵬哲《枸杞頭及藥膳三例》一文。

功效，充分體現了古代勞動人民的智慧。

二、生產與娛樂

（一）生產製造風俗

陸氏《疏》中的相關記載主要涉及了以下三個方面。

1、農業。陸氏《疏》中記載的相關內容主要體現在農民的家庭副業的發展，前文所述飲食部分當中提及的野菜野果，其中有些就是當時的人們自家栽種的，如檖這種樹，它俗稱赤羅或山梨，原本生長在齊郡廣饒縣堯山和魯國河內共北山中（今河南山東一帶），但因為它結出來的果實像小號的梨子，十分甘甜可口，所以「今人亦種之，極有脆美者，亦如梨之美者」（「隰有樹檖」條），說明當時人為移植野生植物還能培育得非常成功。事實上，從其他古籍中也可知道，魏晉時期的不少人們都習慣在門前屋後種菜養雞，以此豐富飲食並貼補家用。除此外，牛的飼養在當時也是一個重要問題，陸氏《疏》中共保留了三條與牛有關的記錄：蒹這種水草，它是沒有長穗子的蘆葦，性質堅實，「牛食之令牛肥強」（「蒹葭蒼蒼」條），芐也是一種類似蘆葦的植物，陸氏稱其「為草真實，牛馬皆喜食之」（「薇蔓於野」條），這兩樣都是是天生天長的優質牧草，以上是關於牛的食物；此外還有薇草，別稱野紅薯、山地瓜、山葡萄秧等，葉子茂盛細長，從醫理上來看有清熱解毒、消癥散結的作用，陸氏時代的人們就把它的莖葉用來「煮以哺牛，除熱」（「薇蔓於野」條），這一條是關於牛病的比較常見易操作的醫治方法。當然，不可排除的懷疑是，陸氏《疏》當中表現出的對牛的特別關注，不僅僅是因為牛耕的重要性，恐怕也是受到了東漢末年以來，牛車這一出行方式在貴族階級中風靡程度的影響。

2、漁獵產業。「食魚與稻」自古就是多山川河流湖泊地區的重要生活方式，而漁業是農耕經濟的重要補充，陸氏《疏》記載一種名作鱣的魚，出自江海地區，每年三月中旬便從河下逆流而上，鱣魚身形和龍相似，當時有人「於盟津東石磧上釣取之，大者千餘斤」（「有鱣有鮪」條）。無獨有偶，鮪也是一種美味的魚，遼東、梁水等地的鮪魚尤其肥厚，遠優於中國（即黃河中下游地區）的鮪，所以當時就有「居就糧，梁水鮪」（「維鮪及鱮」條）的俗語，表明了梁水邊人就地取材、以鮪魚為食的生活風貌。與鱣魚、鮪魚不同，鱮也即現代所說的鰱魚在古代並不受待見，認為它厚而頭大，味道不美，有

里語「網魚得鱧，不如嗒茹」（「維魴及鱮」條），說的是倘若想吃魚卻網得了一條鱧魚，那還不如吃野菜。

不僅漁業是陸氏時代的一大傳統，狩獵同樣是，前者靠著江河湖水，後者依託的則是山林叢野。獵物包括鳥、獸兩類，按陸氏《疏》記載，有鷸、鴻鵠、雁、鴇等鳥可做食物，它們大都肉質鮮美，其中因為鷸肉甚美，所以當時的林慮山（位於今河南省林州市石板岩鎮）中人還常有「四足之美有麏，兩足之美有鷸」（「有集維鷸」條）的說法。獸類獵物的用途相比鳥類就更加廣泛了，除了身上的肉可做食物之外，熊的脂肪經過提煉後可獲得熊白，或稱熊脂膏，與熊類似且稍大的羆，包括黃羆、赤羆等也可提煉出羆脂，二者既可作為藥材，也可以作為一種珍貴食物。而狼的脂肪又稱狼膏，陸氏《疏》稱「其膏可煎和，其皮可為裘」（「狼跋其胡」條），狼肉可做食物，狼皮可做衣裘，狼膏同熊白一樣，既可作藥材，後世《本草綱目》稱：「狼膏，臘月煉淨收之。補中益氣，潤燥澤皺，塗諸惡瘡。」外用可潤膚；也可作為食用油，早在《禮記·內則》中就有記載：「取稻米舉溲之，小切狼膏，以與稻米為酏。」「溲」是浸泡的意思，「酏」即薄粥、清粥，這道吃食就是將稻米粉用水調和，加入狼脂油小塊，最後熬成稀粥。類似食用動物油脂的菜品還有《禮記·內則》所記載的「八珍」中的另外兩種，「淳熬，煎醢，加於陸稻上，沃之以膏」以及「淳母，煎醢，加於黍食上，沃之以膏」，把煎和好的肉醬加放在旱稻米或黍穀米之上，最後澆上動物脂膏即可，這種吃法與今天的蓋澆飯類似。可見獸類獵物大都可以一物多用，而且無論是肉、皮還是脂肪，都十分珍貴，所以與通過行獵以娛樂身心的貴族不同，普通百姓們藉此獵貼補家用甚至以此為生，以經濟目的為主的民間狩獵也就情有可原了。

3、手工業。陸氏《疏》中涉及到的手工物品種類不在少數，主要包括：

（1）製造車馬相關工具，古人根據木材的不同特性，分別做成不同的車部件。條樹又稱栲樹，俗稱山楸，現代學名楸，它「材理好」（「有條有梅」條），是一種質地緻密的木材，所以被用來做車板。柞棫為何樹爭議頗多，按照陸氏所言，「周秦人謂柞為櫟」，《釋木》又說：「櫟，其實棣。」而棫就是柞，棫樹中「材理全白，無赤心者」（「柞棫拔矣」條）又被稱為白桵，又稱白棣或白柘，姑從此說；白桵木材的紋理豎直，容易處理為一根一根的條棍，所以被用來做犢車軸。楝樹皮薄而白，材質堅韌，被用來作車轂（「隰有杞夷」條）。梂樹「木理堅韌而赤」，被用來做車轅（「其灌其栵」條）。栲樹「皮厚

數寸」，被用來做車輻（「山有栲」條）。檉也即河柳的樹皮「正赤如絳」有些微裝飾美，所以被用來作馬鞭及杖（「其檉其椐」條）。

（2）製造兵器，同造車一樣，根據不同兵器的材質需求選擇不同的樹木。前面講到的白桵木材不僅可以用來做犢車軸，還可以用來做成與犢車軸粗細長短類似的矛戟鏃木杆。杻樹又稱檍樹，「為木多曲少直」，且材質堅韌，「人或謂之牛筋」，是做弓弩杆的好木材（「隰有杻」條）；甘棠現代學名豆梨，根據果實顏色分為白棠和赤棠，其中赤棠雖然果實不美，但木材緻密堅韌，所以也常用來做各種器具，陸氏《疏》記載其也可做弓杆（「蔽芾甘棠」條）。蒲柳現代學名紅皮柳，有皮青皮紅兩種，但都葉子長廣形似柳葉，成熟期的枝條細長圓直且光滑無毛，所以常被用來做箭杆（「揚之水不流束蒲」條）。除草木之外，還有魚服這種水生動物原料可用來做武器裝備，魚服是魚獸的皮，「魚獸似豬，東海有之，一名魚狸，其皮背上斑文，腹下純青」，一說魚狸即現在的海豚，陸氏《疏》記載其皮可用來包裹「弓鞬」、「步叉」、「矢服」，弓鞬是馬上盛弓箭的器具，步叉也稱「步靫」，也是盛箭器具，矢服又稱「矢箙」、「箭囊」，它不僅作為盛裝箭矢的器具，而且還是一種利用空腔接納聲音原理的軍用竊聽器，《夢溪筆談》有言：「古法以牛革為矢服，臥則以為枕。取其中虛，附地枕之，數里內有人馬聲則皆聞之，蓋虛能納聲也。」戰鬥時以矢服盛箭，竊聽時則取出箭矢，吹足氣並繫住袋口的繩子使其中空，人頭枕於其上，可聽見幾里以外人馬的聲音。魚狸之皮同牛皮相比，由於是海洋生物，所以還具備一項特性：「海水將潮及天將雨，其毛皆起；水潮還及天晴，其毛復如故。」可通過感知空氣濕度的變化預知潮水或雨水（「象弭魚服」條）。

（3）紡織，按照張承宗等人的整理可見，漢末魏晉時期政府在徵收銀錢之外格外徵收絹棉，這一政策促進了民間的養蠶風尚，從而推動了紡織業的發展〔註 15〕，這種發展又表現在，除了通過以植物餵養蠶而間接獲得繰絲對象外，他們更善於利用天然的草木直接獲取材料。陸氏《疏》中記載，莫草根莖粗如筷子，枝節像柳葉，「厚而長，有毛刺」（「言采其莫」條），因此陸氏時代的人用它的枝節代替蠶繭浸在熱水中抽絲，以供後續食用。紵現代學名苧麻〔註 16〕，是古代五麻之一，它莖部位的韌皮纖維細長而又強韌，有光

〔註15〕張承宗、魏向東《中國風俗通史·魏晉南北朝卷》，上海：上海文藝出版社，2001 年 11 月，第 410 頁。

〔註16〕以苧麻織布的歷史與技術流程可參閱鄧陽春《沅江縣苧麻生產情況調查》一文。

澤而易染色，優點眾多，是重要的紡織作物，和優質紙原料，陸氏《疏》中記載了以苧麻織布的前段步驟：「今官園種之，歲再割，割，便生剝之，以鐵若竹刮其表，厚皮自脫，但得其裏，韌如筋者鬻之，用緝，謂之徽紵，今南越布皆用此麻」（「可以漚紵」條），事實上，苧麻布的完整紡織工藝包括種麻、浸麻、剝麻、漂洗（日曬夜露）、績麻、成線、絞團、梳麻、上槳、紡織等 12 道手工工序。此外，陸氏還記載了當時的雲南羣柯人以桐樹和江南人以穀桑〔註17〕也即現代的構樹皮「績布」（「梓椅梧桐」條、「其下維穀」條）的例子〔註18〕，這門手藝在現代稱為「黎族樹皮布製作技藝」，是國家級非物質文化遺產之一，成布過程包括選材剝取、壓平浸泡、捶打成片、晾曬、縫合等步驟，雖然現在樹皮布僅留存於海南黎族且近乎絕跡，但至少在陸氏時代，因為樹皮原料豐富且易於採集，而成品又經用耐洗、柔軟白淨，所以成為了一種重要的紡織材料。

（4）其他事物，除以上三類，陸氏《疏》中還零星記載了一些其他頗有趣味的，利用草木製作出的小對象，品種繁多。

文房用品：①造紙，穀桑樹皮，也即現代的構樹皮，不僅可以用來做樹皮布，還可以用來搗紙，造出的紙「長數丈，潔白光輝，其裏甚好」，被稱為「穀皮紙」（「其下維穀」條）。②防書蠹粉，把藺草也即蘭草「著粉中」，可以「藏衣著書中，辟白魚也」（「方秉蕑兮」條），「白魚」就是書蠹，俗稱書蟲。③韜筆管，「韜」字從韋從舀，意為刀、劍不斷出入的皮套，在此處指毛筆套。尹灣漢墓曾出土過兩支毛筆套在「一個由雙管組成並分兩截的木胎漆管內」，簡牘中的隨葬品清單上對應的是「管及衣各一」，「管髹黑漆，繪有朱紋」，可見古人用筆往往還配有套管，套管外還有織物製作的「衣」，十分講究，而筆管的選材多樣，《西京雜記》說「天子筆管，以錯寶為跗」，這是最

〔註17〕穀與穀（簡化字為「谷」）形近，《說文解字》中一作木部、一作禾部，該書各版本訛誤甚多。金口《「穀紙」非「穀紙」》認識到了這個問題，但可能是印刷原因，此文仍然將「穀紙」錯作「穀紙」。

〔註18〕夏緯瑛先生認為此處講到的泡桐的木不可能用來績布，是「桐花為布」的傳說造成的誤解，而陸氏把棉花與桐花（舊有棉音譯「古終」，與「桐」音進）弄混淆了。此說恐有不據。從《後漢書·南蠻傳》開始就有了「織績木皮，染以草實」的記載。《通典》卷188引三國吳康泰、朱應吳時外國傳（又稱《扶南土俗傳》）稱「春月取其木皮，績以為布」。《太平御覽》卷820引《抱朴子》稱「夷人取此木華績以為布，其木皮赤，錄以灰煮治以為布，但粗不及華，俱可以火浣。」樹木的花或皮應當都能績布，桐樹未必不可。

高規格的鑲嵌珍寶，除尹灣漢墓的木質筆管外，168漢墓、西郭寶墓也出土過竹製筆管。〔註19〕陸氏《疏》中記載，萇楚又稱羊桃，也即後世熟知的獼猴桃，它枝莖細弱卻根系發達，所以古人「近下根，刀切其皮，著熱灰中脫之，可韜筆管」（「隰有萇楚」條），這是以植物莖皮做成韜筆之管，簡單易尋且成本低廉，是普通百姓的重要筆管來源。④樂器，白桐是做琴瑟的上等木材（「梓椅梧桐」條）。鼉即揚子鱷，它堅厚的皮可以用來冒鼓，鄭玄解釋「冒」為「蒙鼓以革」（「鼉鼓逢逢」條）。

閨房對象：①染髮劑，苕又名紫葳，即古書中所說的凌霄花，花朵外橘黃而內鮮紅，七八月份為紫色，形似紫草，此時用凌霄花染皂並經水煮過後洗頭髮，發色變黑，是當時的一種純天然染髮方法（「苕之華」條），事實上，古代使用的天然染髮原料十分豐富，還包括覆盆子、蓮子草、白蒿、烏梅、黑豆等。②首飾，楛樹枝條除了可以用來編織斗笥箱器外，還能「揉以為釵」，釵是由兩股簪子紐合而成的頭飾，它與筓子不同，筓子需要的是兩根分開的、不易變形的簪子，所以非得是金、銀、玉等一類的貴重材料，而釵只需要兩條絲狀物絞成一股即可，所以不論是金屬絲還是較軟的枝條都可以充作釵的原材料，陸氏記載的揉楛樹枝莖以為的釵，應該也是所謂的「荊釵布裙」中「荊釵」的一個變種，一般為普通老百姓或者說是貧家婦女們常用。這種製作首飾的方式還引來了一則笑談：上黨人（今山西東南部）調笑當地婦人，問「買釵否？」曰「山中自有楛。」（「榛楛濟濟」條）這一風俗展現了當時普通百姓苦中作樂，雖然生活艱難卻仍可以就地取材、尋找生活情趣的處世風貌。

日常瑣碎：①杯具及盛物器皿，檴樹不僅樹皮堅韌且木質良好，陸氏稱「其材可為杯器」（「無浸穫薪」條）。楛是一種類似荊的灌木，枝莖赤色，又與蓍草相似，所以「上黨人織以為斗笥箱器」（「榛楛濟濟」條）。貝殼自古可做貨幣，在外形上又有大小、顏色的差異，黃底白紋的餘蚳、白底黃紋的餘泉和白底紫紋的紫貝，是陸氏時代九真、交趾地區的杯盤寶物（「成是貝錦」條）。②蠟燭，蕭草，現代學名荻，莖粗所以「可作燭」（「取蕭祭脂」條）。③蓑笠，臺草又名夫須，一說莎草，苞片葉狀且或有苞鞘，所以陸氏稱其「有

〔註19〕馬怡《一個漢代郡吏和他的書囊——讀尹灣漢墓簡牘〈君兄繒方緹中物疏〉》，《中國社會科學院歷史研究所學刊》第九集，商務印書館2015年，第101～132頁。

皮,堅細滑致,可為簽笠」(「南山有臺」條),笠是竹或草編成的帽子,簽是有手柄的笠。④繩索,菅草類似茅草卻光滑無毛,柔軟而有韌性,「根下五寸中有白粉」的部分經水泡及暴曬後可以做出好繩索(「白華菅兮」條)。穫樹一作檴樹,陸氏時代稱椰榆,樹皮堅韌,剝下來有數尺長,可做絙索,即粗大的繩索,也可做甒帶(「無浸穫薪」條)。⑤函板及棺材板,枸樹高大如白楊,陸氏稱其「理白,可為函板」(「南山有枸」條),此處函板據推測應該是指木盒推蓋。前文提到的可做車板的條樹也即楸木,紋理細膩且不易變形開裂,直到今天仍然是做棺木的好材料(「有條有梅」條)。

(二)休閒娛樂風俗

陸氏《疏》不僅記錄了當時的人們在生產製造行業中、充分利用天然的動植物材料的生活智慧,還涉及到他們的休閒娛樂形式與活動,體現了漢末三國時人的某些生活趣味。該書主要談到了以下兩方面。

1、園林藝術。中國古代園林從「囿」開始,如周文王的靈囿,它就是一塊被圈定的地域,或築界碑,保持的大都是原生地態,基本沒有什麼設計成分。直到秦漢時期才出現了宮「苑」,如漢武帝時擴建的上林苑,造亭築橋,種植花木,苑已經突破了簡單原始的囿,有了進一步的風景組合,人造痕跡更加明顯。而魏晉南北朝時期的「園」,被普遍認知為中國園林發展史中的重要轉折時期,這一時期的私家園林大規模出現,並與皇家園林並立成為古代園林的主流之一,崇尚自然並以再現自然山水為建園思想,是自然山水園林的形成時期。陸氏《疏》中共記載了五種作為園林景觀的草類、木類植物,具體可以分為兩種性質的園林,其一是宮中園林,蕑草也即蘭草,被孔子譽為「王者香草」,因其外形美觀、氣味芬芳及內涵久遠美好,所以成為了園林植物的首選之一,陸氏稱「漢諸池苑及許昌宮中皆種之」(「方秉蕑兮」條)。

其二是「官園」。薇草是山菜的一種,可供宗廟祭祀;紵也是草本植物,可用來緝麻布;二者被「今(陸氏時代)官園種之」(「言采其薇」條、「可以漚紵」條)。木類植物如常棣、杻樹和枸樹,其中杻樹在官園中還有一個正名為「萬歲」,而且它別稱「檍」樹,這樣一來它的名稱中包含了「億萬」的好兆頭,加之杻樹本身枝繁葉茂,所以它被廣泛種植(「隰有杻」條);而枸樹「枝柯不直,子著枝端大如指長」,因其枝繁葉茂,所以在官園中還有了個「木

密」的別號（「南山有枸」條）。陸氏《疏》中的「官園」究竟所指為何呢？
按照園林的隸屬對象為劃分標準，現今中國古代園林分類的普遍認知是，大
體分為皇家園林、私家園林和寺觀園林三大主流，還有祠堂、陵墓等小眾。
而張渝新學者關注到了成都平原上如武侯祠、三蘇祠、桂湖等川派園林，在
園林分類中始終難以找到明確地位的情況，認為相比自然山水園林、紀念園
林、名勝園林等性質，官家園林更加符合這類園林的定位，他提出「官家園
林是以官署園林為主體」的、有別於皇家、私人、寺觀等的官產園林，它們
依靠「地方政府和各級官府的長期經營」而得以留存，並主張將官家園林提
升到與皇家園林、私家園林和寺觀園林三大主流分庭抗禮的地位。[註20]在
論述過程中，作者將這一園林的出現追溯到了漢至兩晉時期「亭」這一基層
行政機構，並確切定位於兩晉時期的新亭與蘭亭。後來又有崔志海學者認為
「公園」一詞在在魏晉南北朝時期文學作品中的廣泛出現「側面反映出了官
家園囿的興盛」[註21]。而回頭比照陸氏《疏》中對「官園」——官家園林
的記載，似乎可以作為二人觀點的有力左證。

2、飼養寵物。古人對動物的寵愛與飼養具有相當深厚的歷史傳統，耳熟
能詳的如衛懿公愛鶴失國、王羲之愛鵝贈字、林逋「梅妻鶴子」等，其中喜
好動物的唐武帝李炎在登位之前還曾為動物繪製「十玩圖」且各封雅號：鶴
稱「九皋處士」、雞稱「長鳴都尉」、猴稱「猩猩奴」、驢稱「長耳公」、鹿稱
「茸客」、白鷳稱「玄素先生」、龜稱「靈壽子」、犬稱「守門使」、貓稱「鼠
將」、鸚鵡稱「辯哥」；等等。中國歷史上與寵物有關的趣聞軼事數不勝數，
陸氏《疏》中就記載了其中兩種。

一種是鶴：「今吳人園囿中及士大夫家皆養之，雞鳴時亦鳴。」（「鶴鳴于
九皋」條）魏晉時期的愛鶴名士有兩位代表，一是羊祜，《世說新語·排調》
中記載了他教導鶴舞蹈的故事；一是支道林，《世說新語·言語》中也記載了
他將雙鶴放生的言行。二者略有不同，前者是將鶴作為「人工飼養」的對象，
後者「不願意束縛它使它成為寵物」，但從本質而言他們對和的喜愛是一致
的，據阪井多穗子的研究來看，鶴作為寵物與中國的整個士大夫群體、不獨

[註20] 張渝新《川派古典園林與中國官家園林》，《成都文物》，2002 年，第 45～50
頁。川派古典園林是中國官家園林的典型代表，中國園林，2003-04-25，第
68～70 頁。

[註21] 崔志海《近代公園理論與中國近代公園研究——讀〈都市與公園論〉》，《史林》
（滬），2009 年 2 期，第 165 頁。

魏晉時人，都「有著特別密切的關係」。〔註22〕那麼為什麼鶴會受到他們的這種青睞呢？主要的，一方面是因為它的外形漂亮優雅，陸氏描述它：「鶴，形狀大如鵝，長三尺，腳青黑，高三尺餘，赤頂，赤目，喙長三尺餘，多純白，亦有蒼色，蒼色者人謂之赤頰，常夜半鳴。」（同上）另一方面則是因為因為自《詩經・鶴鳴》開始就賦予它的「高逸」的象徵意義，《詩》曰：「鶴鳴于九皋，聲聞于野。」這裡以鶴來比喻宣王求取的「身隱而名著」的「賢人之未仕者」，此後歷代詩歌更是將鶴作為文人「追求隱逸」、體現其「生命意識」的重要意象〔註23〕，宋人陳岩肖《庚溪詩話》更是稱讚道：「眾禽中，唯鶴標誌高逸。」魏晉時期的養鶴情況如陸氏所說，應該是有了比較大的規模，而這一時期獨特的社會風氣也使得鶴在「賢者」「高逸」之外，增添了「成仙」、「長生」等道教相關內涵。

另一種是鷺：「鷺，水鳥也，好而潔白，故謂之白鳥。齊魯之間謂之舂鋤，遼東、樂浪、吳、揚人皆謂之白鷺，大小如鴟，青腳，高尺七八寸，尾如鷹尾，喙長三寸許，頭上有毛十數枚，長尺餘，毿毿然與眾毛異，甚好。將欲取魚時，則弭之。今吳人亦養焉，好群飛鳴。」（「值其鷺羽」條），白鷺頸長腿長，通體潔白，外形典雅，這一意象在唐及其後的文學作品中廣泛出現，並逐漸與白鷗結合併稱「鷗鷺」，魏晉時人有將其和「鵠」並舉，如張華《遊獵篇》：「鵠鷺不盡收，小鳥安足視。」這些都是體大羽白的水鳥；或者是更廣泛的並稱，如左思《吳都賦》：「鳥則鷓雉鸐鸐，鸕鵠鷺鴻。」它們大體都具有淡泊、高潔、自由、超然等方面的內涵。事實上，陸氏所記載的唯二寵物——「鶴」與「鷺」具有極大的相似性，美好的外形和超越世俗的寓意，寄託著魏晉時代士人們相類的審美追求和價值取向。值得注意得是，陸氏《疏》中記載的這些寵物都是貴族階層而非平頭百姓們的休閒娛樂對象，鶴、鷺等動物，是用來觀賞它們美麗的外表、寄託士人們的某些情思；其他的，諸如牛、雞、馬、鷹犬等動物，是用作貴族間的相互攀比，魏晉時期賽牛、鬥雞、馴虎表演等風氣盛行〔註24〕。如此一來，貴族階層對其所飼養動物的要求，不在其實用性，例如普通百姓需要的貼補家用等；反而是看中它們的非實用

〔註22〕阪井多穗子《中國士大夫與作為寵物的鶴》，《中國典籍與文化》2000 年 01 期，第 112 頁。

〔註23〕董艾冰《唐詩中的鶴意象研究》，《暨南大學》，2016 年，第 84 頁。

〔註24〕劉愛文《論魏晉南北朝大地主集團的休閒娛樂消費》，《邵陽學院學報》，2005 年第 1 期，第 73～78 頁。

性，似乎只有這樣才能體現出他們對風雅的追求，符合他們放浪形骸、試圖超越世俗束縛的形象與氣質。所以，即使都是作為寵物，他們也是更加青睞、讚賞「少家畜性、多寵物性」的動物〔註25〕，就如陸氏《疏》中所提到的鶴、鷺一類。

三、宗教與信仰

由於魏晉南北朝時期社會動盪，局勢不穩，所以這一時期的人們總是感覺命運難料，充滿了人生的幻滅感，因此他們或放浪形骸，將脫離苦海的希望寄託於縹緲之物、神鬼之說，張承宗等人認為「萬物有靈是這一時期人們普遍的信仰」，民間信仰眾多而且形式也是層出不窮，「整個社會中煽揚著一股迷信之風，彌漫著一股妖異的氣氛」〔註 26〕。陸氏《疏》雖是記載草木鳥獸蟲魚，但涉及信仰及各種民間傳說的內容仍然不在少數，大概是與這一觀點描述的現象吻合的，而這些內容大都充滿了奇幻且有趣的色彩，它們大致可以分為下面三種類型。

1、祭祀。「國之大事，在祀與戎」，祭祀自古以來都備受重視，魏晉時期同樣如此。陸氏《疏》中記載與祭祀有關的內容共計 4 條，同為草類，但因為植物本身屬性不同，所以它們的使用方法和用途也是各不相同。「薇」是一種山菜，現代學名大野豌豆，別名大巢菜，它的「藿」也即豆葉可作羹湯，所以「今（三國時期）官園種之，以供宗廟祭祀」（「言采其薇」條），這種草是做成羹湯後充作祭菜用來祭祀先祖的。植物作為祭品，除了供神食用一途外，還有香氣誘神的路子，「蕭」草，現代學名荻，別稱荻蒿，根據「士以蕭，庶人以艾」的說法可知，它與艾蒿別為兩物，但因為同屬於香草有香氣，所以被用來「祭祀以脂爇之為香」，「爇」就是燃火焚燒的意思，《詩經》當中還有鬱金香、蘭芝、薰草、艾等植物與蕭的此種用法相同。除以上兩種途徑，白茅從另一角度發揮作用，陸氏記載稱「古用包裹禮物以充祭祀，縮酒用」（「白茅包之」條），「縮酒」有兩種解釋，一是指祭祀時以茅濾去酒中糟粕，另一種是指在祭壇前面立一束白茅，把祭酒澆在茅上，酒水漸漸滲入草中，就好像所獻之酒已經被神明享用了。但此茅究竟為何，存在白茅、青茅、包茅、

〔註25〕阪井多穗子《中國士大夫與作為寵物的鶴》，《中國典籍與文化》2000 年 01 期，第 114 頁。

〔註26〕張承宗、魏向東《中國風俗通史・魏晉南北朝卷》，上海：上海文藝出版社，2001 年 11 月，第 466 頁。

香茅草、苞茅等多種爭議處。最後一類的「葍」俗稱牽牛花，地下根莖較大且富含澱粉，可以充饑，但是它隨處蔓生，危害農作物，並且有臭氣，所以鄭玄認為葍是「惡菜」，陸氏記載其「漢祭甘泉或用之」（「言采其葍」條），不知有何來歷和說法，與上三種相比，它在這一祭祀中使用了哪一部位、又發揮了什麼作用也並無詳細記載。

2、誌異及傳說。陸氏《疏》中記載了幾種比較奇怪神異的生物，比如蜮這種神話中的害人蟲，它形狀似龜，有三隻腳，別稱短狐、射影、水弩，蜮生性狡詐，「人在岸上，影在水中，投人影則殺之」，今有成語「含沙射影」說的就是這種生物，陸氏記載當時的南方人是這樣應對它的：「將入水，先以瓦石投水中，令水濁，然後入。」（「如鬼如蜮」條）《疏》中還提及了螟蛉和蜾蠃之間的糾葛，螟蛉俗稱稻青蟲、粽子蟲，身體細小而呈青色，它的天敵蜾蠃這種寄生蜂會將螟蛉捉回巢中並用尾刺將其毒至半死，最後在螟蛉身體中產卵，待卵孵化後就會以螟蛉作為食物，新生的蜾蠃就出現了。這種螟蛉最終消失化為蜾蠃重現於世的現象，直至陶弘景親身觀察發現為止，一直被古人們認定為是螟蛉最終成為了蜾蠃的兒子，所以有成語「螟蛉之子」，代指義子。《詩經·小雅·小苑》中說：「螟蛉有子，蜾蠃負之」，從那時起古人們便以為是有雄無雌的蜾蠃因為無法生育後代，所以才辛勤銜回螟蛉並背負其上作為自己的兒子，如此煞費苦心，螟蛉終於「七日而化為其子」，就好像螟蛉真的成為了蜾蠃的兒子。陸氏記載了時人根據這種現象想像出的一句俚語：「咒云：『象我，象我』。」（「螟蛉有子」條），今天雖已無法得知這句話用於什麼場景，但這也從側面反映了漢末至魏晉以來的巫風鬼道之盛行。

除上述充滿靈異色彩的描述外，《疏》中還收錄了幾則傳說故事。苣在《詩經·小雅·采苣》中是一種類似苦菜的可食用野菜，陸氏稱「西河雁門苣尤美，土人戀之不出塞」（「薄言采苣」條），「土人」一作「胡人」或「詩人」，西河、雁門之人流連於當地的苣菜之美以致不願出塞，也算是當時的一段美談了。另有一則與魚有關的傳說故事，鮪魚又稱吞拿魚，現代學名金槍魚，陸氏稱此魚是樂浪尉仲明在溺海水中身亡所化，所以當時的東萊、遼東人又喚此魚為「尉魚」或「仲明魚」（「有鱣有鮪」條），這一傳說不知源自何處，後世的《毛詩多識》認為這一說法「近於怪」，應當是「鮪」「尉」音進而導致的牽強附會之說，從多方面對陸說加以否定。

3、迷信方術。不僅是受到前文提到的社會背景的影響，兩漢以來讖緯之

學的發展和興盛同樣對這一時期的人們的認知方式產生了重大影響，所以陸氏《疏》中不可避免的記載了一些與迷信方術相關的文字，這部分的內容比較豐富，大致可以概括為兩種類型。

（1）是將鳥獸草木蟲魚的某些特性或行為與人類社會的吉凶禍福聯繫在了一起，類似現今人們常常認為的「烏鴉頭上過，無災必有禍」、「門前喜鵲叫，好事要來到」等觀念。蟏蛸這種蟲子是吉利福慶的兆頭，它又稱喜蛛或蟏子，體多細長，與蜘蛛相似，古籍中稱其為「長踦」或「長腳」，陸氏《疏》稱「此蟲來著人衣裳，有親客至，有喜也」（「蟏蛸在戶」條），因此荊州、河內之人叫它「喜母」，幽州人乾脆喚作「親客」。除此外，另有兩種預示凶禍的鳥類。

陸氏《疏》中記載了一種名叫鸛雀的水鳥，形似鴻雁卻體型更大，擁有極長的紅色尖喙，以及細長的腿和細長的帶蹼的爪子，一般是白色身子和黑色的尾翅。這種鳥在西方國家被視為可以「送子」的吉祥鳥，還是德國的國鳥。陸氏筆下的鸛鳥十分有靈性，它的「卵如三升杯」（「鸛鳴于垤」條），見有人來就把幼鳥按住趴伏在地上，藉此來保護自己的孩子；此外鸛雀在池水邊搭築泥巢，把捕來的小魚放到就近的池邊淺水處，以便幼鳥食用，可見「愛子」和水居地位齊等是它的一大天性，可能正是由於這兩方面的習性和特點，陸氏時代的人們認為「若殺其子則一村致旱災」，如果殺掉了鸛雀的幼鳥，那麼則個村莊就會遭遇旱災。無獨有偶，《拾遺記》中也有言：「鸛，能聚水巢上，故人多聚鸛鳥，以禳卻火災。」這些都是賦予了鸛以掌水、滅火及致旱方面的能力。

如果說鸛雀是因為人類主動招惹「殺其子」才帶來了全村遭旱的後果，那麼鴞這種生物就屬於無需做壞事招惹，是只要「來者」即為「不善」的例子。這種俗稱鵂鶹、貓頭鷹的鳥類是夜行類的猛禽，具有極其銳利的鉤狀喙和爪，陸氏《疏》稱其為「惡聲之鳥也，入人家凶」（「翩彼飛鴞」條），《詩經》「翩彼飛鴞」處稱它食用了主人家的桑葚心存感激，最終變惡聲為善音。書中他處別有一條稱「（流離）其子適長大還食其母」（「流離之子」條），按一般古籍記載，流離即梟，與鴞當為一物。儘管現代動物學研究已經為它平反，但在千年的時間裏，貓頭鷹始終被認為是在幼鳥階段便會啄母親雙眼並作為食物的「惡聲鳥」、「不孝鳥」，賈誼在《鵩鳥賦》中所寫的「野鳥入處兮，主人將去」，這一不吉祥的報喪鳥也是指的貓頭鷹。經《嚼文嚼字》整理得知，

歷朝歷代以消滅貓頭鷹為重任，漢武帝時期還用「梟羹」作為「除凶」佳品以賞賜群臣，這種情景就是後來蘇轍所說的「百官卻拜梟羹賜，凶去方知舜有功」〔註27〕。值得注意的是，《豳風‧鴟鴞》中也有一鳥名作鴟鴞，「鴟鴞鴟鴞！既取我子，無毀我室。」此處的鴟鴞別稱鸋鴂，是一種十分殷勤的吉祥鳥，又被稱為「巧女鳥」，和此這裡講到的「鴞」並不是同一種。

（2）是通過某些特性或行為來隱喻政治或道德方面的得失。如鴇鳥這一稀有候鳥，陸氏描述它是「似雁而虎文，連蹄」（「肅肅鴇羽」條），此鳥因不善飛行而常遭獵殺，所以許慎說它們「性群居如雁，自然而有行列」，陸佃認為他們正是由於不善飛行所以才「以其類集聚眾羽而成翼，集聚眾翼而成行」，天性不休止於樹木，而一旦它們在樹木上休止了必定是因為處於極為危苦的境地，所以《詩經》當中用它來比喻君子本來應當安居於平安之所，現在卻疲於征役，同樣是十分危苦。至於蝒蟧，蟧是蟬蜩的一種，陸氏認為它是「蟬之大而黑色者」，這類生物被賦予了「文、清、廉、儉、信」這「五德」（「肅肅鴇羽」條），理由正如陸雲在《寒蟬賦》中講述的：「頭上有緌，則其文也。含氣飲露，則其清也。黍稷不享，則其廉也。處不巢居，則其儉也。應候守常，則其信也。」蟬就這樣被人為的賦予了美好的君子之德，被盛譽為「至德之蟲」，歷來受到文人們的推崇。

以上兩種情況還只是人們將內心的某種情感與期許投射到動植物身上，下面的就更接近於天人感應、陰陽災異之說了。螟、螣、蟊、賊，舊說都是同一蝗蟲，陸氏認為它們各有不同，但總體來說都是一種對莊稼有損的害蟲，《疏》引許慎之言稱「吏冥冥犯法，即生螟。吏乞貸，則生螣。吏冥冒取人財，則生蟊」（「去其螟螣及其蟊賊」條），將官吏貪贓枉法與蝗災聯繫在了一起。這是因為當時的人們相信萬物有靈、俱有所感，自然界會對人類社會的行為做出反應，就好像國家一旦出現異象或發生自然災害，當權者便需反省自己是否有為政失德之處。與之相對應的，如果是為政清明，那麼就會出現祥瑞以表示上天的獎勵，這類文字記載在緯書中大量出現，作為祥瑞的具體對象，有的現實生活中本身存在的，如甘露、醴泉、嘉禾、名珠等，還有很多存在於人類想像中或者說是極為罕見的神物，陸氏《疏》中便涉及到兩例，一是麒麟，它集麕身、牛尾、馬足、黃色圓蹄於一體，從頭到腳、一舉一動都暗合某種道理，善良而聰慧過人，古人相信「王者至仁則出」（「麟之趾」

條），王者的仁政達到盡善盡美的程度，上天必有所感並派下麒麟這樣的瑞獸。與麒麟類似的還有騶虞，也是古代傳說中的一種仁獸，「君王有德則見，應德而至者」（「於嗟乎騶虞」條），它同樣是君王德至百姓及至草木鳥獸的象徵。

總之，魏晉時期人們對世界的認知水平還有限，他們無法像今天這樣科學的察明動植物與生俱來的某些自然特徵和某些看起來怪誕詭奇的習性，在經歷不安定的社會現實帶來的命運無常感，以及兩漢流傳而來的天人感應、讖緯之學等的多重影響之下，陸氏時代的人們充分發揮自己的想像，賦予了自然界生物以種種人類社會中政治的、道德的意義。這是他們出於對動植物的無知而產生的敬畏，也是對天地、日月星辰、氣象、山川水火、動植物、祖靈等現象的崇拜與嚮往，而陸氏《疏》中所記載的內容所描畫的，尚且只是魏晉中人種種心靈世界向自然界的投射景象的冰山一角。

四、結語：徐徐打開的一扇窗

從《毛詩草木鳥獸蟲魚疏》文本的具體內容來看，本書雖然篇幅不長，卻蘊含了著豐富多樣的文化內容，生動具體展現了魏晉時期的某些社會面貌：他們重口腹之欲，菜品樣式繁多且別出心裁，貴族們自然是食不厭精膾不厭細，普通百姓們也能充分就地取材、力所能及的做出花樣；醫藥學固然在理論和實踐兩方面都有了進一步發展，然而更引人注意的是他們對養生保健以致長生的重視，昂高的寒食散、金丹不是人人都能獲得，但具有某些藥性的植物卻是觸手可及，平民們把它們沖飲或做成菜品，一樣能夠實現日常養生的功效；生產製造行業有了很大進步，農業和漁獵繁榮，尤其是手工業，魏晉時期的手工製造產品涉及到紡織、交通運輸工具、兵器製造、造紙、文房閨閣用品等方方面面，表明這一時期人們的物質需求及生活不再如先前時代貧乏；與極大豐富的物質生活相對應的是人們休閒娛樂方式的多樣有趣，這一時期大量自然山水官園的修建、飼養寵物以供欣賞或競技成風等現象，展現了貴族閑暇生活的極度享受與縱慾；崇尚萬物有靈的社會風氣讓整個社會的信仰文化都帶上了迷信的成分，促使魏晉時人對動植物進行並附加了許多充滿神秘和奇幻色彩的想像和內涵。陸氏《疏》中展現的僅僅是完整的魏晉時期社會面貌的一隅，然而這些片面仍然可以反映出：一方面，魏晉時期政治動盪，戰亂天災頻繁，人的命運無常，所以享樂放縱之風盛行，人心逃

避現實而寄託於虛幻縹緲之事，而貴族門閥林立，他們與普通百姓的物質生活和精神生活形成了明顯的等級差異；另一方面，魏晉時期的經濟情況畢竟是有了較大的進步，而且還在有條不紊的持續發展，民族之間的交流日趨緊密，這些為他們豐富多彩的生活方式奠定了物質基礎，並促進了文化自覺的產生乃至文化的繁榮。

此外還值得思考的是，《毛詩草木鳥獸蟲魚疏》這種博物學風格的《詩經》訓詁典籍出現的緣由及其影響。《詩經》中包含了草木、鳥獸、蟲魚，以及天文、地理、宮室、器具、服飾、車馬、地名、職官等包羅萬象的名物，因為政治變遷、時間輪轉、方言各異等多方面的原因，造成了後人對其進行理解研習過程中的「今昔異名，年代迢遙，傳疑彌甚」的局面，因而解讀《詩經》需要針對名物方面的專門研究；而兩漢以來從「四家詩」到《爾雅》、《方言》、《說文》、《釋名》等一系列相關訓詁著作的問世，以及類似吳普《本草》等本草學著作的興起，為陸氏《疏》的產生奠定了堅實的文化基礎；經學發展到了魏晉，政治、思想文化等方面的變動給給這一時期帶來了重視實物、實地考證、以博涉多通為優的新風氣，在經典的訓詁過程中著眼於名物的客觀屬性及其相關的風土人情或奇聞趣事，而非傳統的闡釋其中的微言大義，成為了《詩經》學研究的重大轉折趨勢：基於上述種種，《毛詩草木鳥獸蟲魚疏》在魏晉時代應運而生〔註28〕。至於為何是出自魏晉時期的吳國陸璣之手，又應當分作兩層考慮：其一，「吳國人」，之所以是魏晉時期的吳國人，夏緯瑛先生從地域分布角度略有提及，他認為「三國時吳國的疆域已達到我國亞熱帶地區，其地之動植物資源當已有地志之類的著作詳佳記載，陸《疏》中著重描述各種動植物的經濟用途，似與此類著作不無關係」〔註29〕，此應當是指兩漢以來興起的地記、圖經之學，還包括異物志、水道記、山水記、風俗記等，代表作是三國吳人徐整纂修的《豫章舊志》；其二，「陸璣」，之所以是吳國人中的陸璣，應當同他的家學、師學、交遊等有關。可惜的是關於陸璣的生平資料實在太少，不能進一步詳細考察。但通過《毛詩草木鳥獸蟲魚疏》中的內容，我們大致可以確定的一點是，陸璣應當是親身遊歷了大量地區尤其是黃河流域，並仔細考察了各地的動植物及與之相關的生產知識，否則難

〔註28〕郝桂敏在《陸璣〈毛詩草木鳥獸蟲魚疏〉有關問題研究》一文中還提到了東吳統治者對古文經學的重視與三國時期儒學衰微兩點原因。

〔註29〕夏緯瑛《〈毛詩草木鳥獸蟲魚疏〉的作者——陸璣》，《自然科學史研究》，1982年第2期，第178頁。

成此書；雖然以上兩點尚不足以充分說明《毛詩草木鳥獸蟲魚疏》成書於陸璣之手的必然性，但是誕生於魏晉時期確是大勢所趨。

陸氏《疏》帶來的影響是多方面的，除開它在語言學上的成就，首先是單純作為一部博物學著作，書中較為詳細的記載了大量動植物的形態特徵、生長習性、地域分布及使用價值，為後世關於本草、農業、氣候環境、生態、地理等的研究及其著作如《齊民要術》等，提供了許多珍貴的資料；同時它還反映了魏晉時期的部分生產狀況和風俗民情，又是很好的關於古代文化史、社會史、地方史研究的重要輔助性資源。其次是作為一部批註《詩經》的訓詁典籍，它開創了《詩經》名物訓詁的學術傳統，如隋唐年間有現已亡佚的《毛詩草蟲經》和《毛詩草木蟲魚圖》二書，重義理輕考據的宋代也有蔡卞《毛詩名物解》、王應麟《詩地理考》、陸佃《說魚》《說木》和楊泰之《詩名物篇》等書篇傳世，元代許謙受朱熹影響著有《詩集傳名物鈔》，明代有馮應京的《六家詩名物疏》和毛晉的《毛詩陸疏廣要》等，此類著作在重考據名物而輕義理的清代更是數不勝數、蔚為大觀，代表作品如毛奇齡《續詩傳鳥名》、陳大章《詩傳名物集覽》、姚炳的《詩識名解》、顧棟高的《毛詩類釋》、牟應震《毛詩名物考》、陳奐《毛詩九穀考》、俞樾《詩名物證古》再到近代的陸文鬱《詩草木今釋》等等，此外尚有徐鼎《毛詩名物圖說》及天文、地理、禮制等其他方面的考訂著作，以及焦循、趙祐、丁晏等直接針對陸氏《疏》的校疏。總之，陸氏《疏》的出現為《詩經》學研究開闢了一條別具特色的學術分支，很大意義上滿足了後人更好理解《詩經》的需求。同時這種名物研究和其他《詩經》研究方向如音讀、詩譜、文學品鑒等一道，反映了魏晉時期人們精神自由開放。這使得他們能另闢蹊徑，突破兩漢以來重政治倫理意義比附的《詩經》研究，並為後來的《詩經》學研究注入了新的活力。

徽州禮學發展與晚明考證學風

徐道彬

摘要： 林慶彰先生的《明代考據學研究》一書，以楊慎、胡應麟、方以智等一批考據學者為研究對象，挖掘、梳理和總結了明代考證學之功，推倒了「明代無學問」的謬說。晚明徽州地域學者金瑤、程明哲、姚應仁等，也在學術心學化的時代執著於經書文本的考證，與時代風氣相抗衡。他們以豐厚而嚴謹的著述、執著而篤實的學風，補充反映了明代考據學的豐富內容、整體風貌，以及地域禮儀文化和學術發展的趨實態勢。

關鍵詞： 晚明學風；禮學；理學；徽學

　　明代的學術主流是理學，至其末流則更為好奇炫博，遊談無根。後人對於明代學術的探討多側重於程朱理學或陽明心學之大略，而忽視其中部分學者「厭棄主觀的冥想，而傾向於客觀的考實」。事實上，明代學術除了主流的「尊德性」之外，「道問學」一脈也同樣存在於時代學術發展的歷程之中，只因其「非主流」而為學界所忽視。臺北林慶彰先生曾以《明代考據學研究》一書，闡述明代考據學風由楊慎啟之，焦竑承其緒，至方以智集其大成，糾正了近代以來對於明代學術評價過低的偏向，較為深入而全面地展示出明代學術真實而又豐富的內涵，辨章學術，守正出新，功不可沒。事實上，明代徽州學者也不乏考據學家，他們雖然終生處於理學彌漫的氛圍之中，卻能秉承鄉賢程大昌《考古編》《續考古編》及《演繁露》《續演繁露》的考證路徑，及朱熹《儀禮經傳通解》《韓文考異》以來「道問學」的漢學傳統，以經學文字聲韻及名物典章制度的考證而揚名立身；他們能夠突破理學，回歸原典，博學篤實，鉤深致遠，為清代考據學的形成而開闢新途。今選取晚明徽州地

域學者金瑤、程明哲、姚應仁在心學時代執著於經書文本的考證，與時代風氣相抗衡，以豐厚而嚴謹的著述、執著而篤實的學風，證實了明代並非「荒經時代」。

一、晚明學風中的金瑤《周禮述注》

　　明代學術自南宋之學而來，相比之下，兩個社會的政治經濟和文化生活都有著諸多相同之處，學術上也都尊奉程朱理學為正統。徽州社會的發展得益於南宋遷都，並在其後逐漸發達起來，尤其在思想文化方面更具有某些特別突出的表現。自程大昌和朱熹之後，歷經元代徽儒陳櫟、鄭玉、倪士毅而至明代，其間的五百餘年裏，皆以朱熹及其新安理學一統此地之思想界，「其學所本，則一以先師子朱子為歸。凡六經傳注、諸子百氏之書，非經朱子論定者，父兄不以為教，子弟不以為學也。是以朱子之學雖行天下，而講之熟，說之詳，守之固，則惟推新安之士為然」。〔註 1〕明代徽州理學諸家，或為學界精英如汪克寬、趙汸，或為政壇人傑如程敏政、汪道昆，或是深居簡出的鄉間士紳如汪循、汪褆和吳士奇等，他們代表了明代徽州早中時期傑出人物的學術活動與思想傾向。同時，還有大批鄉間底層的讀書人，他們因缺乏思想交流的磨礪和經濟生活的保障，學問上無甚可言，著述也無法傳世，但大體仍屬於朱子學一路，出言也盡落在一「理」字之上。由於明代徽商經濟的突起，知識階層的思想也隨之變化，傾向於主觀的冥想而排斥客觀的實證，造成明代後期徽州學術思潮上的根本變化：擯棄空疏，回歸經典。此時的徽州社會，也醞釀著一個由禮教和道學權威及傳統習俗所構成的社會氛圍，逐漸轉變為一個追求生命享受、崇尚情慾和現實生活的欲望世界。此種轉變的出現，乃緣於資產社會平民意識之勃興，以及商業資本主義的傳佈。同時，傳統儒家道德本體的追求，此時也逐步落實於百姓日用的現實生活世界。

　　明末，隨著朝廷腐敗的加劇，社會危機的到來，道德倫理與禮制法律普遍廢弛，有識之士努力尋找根源，以期拯救這一特殊時期的思想與學術。同時，西方的科學技術及其方法論的浸入和薰染，也給明末政治和社會層面的禮制禮儀帶來革故鼎新的變化，無論是禮制考證或是實踐禮學都預示著將有新的事態發生。民國嵇文甫對此深有感觸：「明朝中葉以後，學者漸漸厭棄爛熟的宋人格套，爭出手眼，自標新異。於是乎一方面表現為心學運動，另一

────────────────

〔註 1〕趙汸《商山書院學田記》，《東山存稿》卷四，《文淵閣四庫全書》本。

方面表現為古學運動。心學與古學看似相反，但其打破當時傳統格套，如陸象山所謂掃俗學之凡陋，其精神則一。王陽明已經要講古本《大學》了，王學左派的焦弱侯竟以古學著名了。自楊慎以下那班古學家，並不像乾嘉諸老那樣樸實頭下工夫，而都是才殊縱橫，帶些浪漫色彩的。他們都是大刀闊斧，而不是細針密線。他們雖不免於駁雜，但古學復興的機運畢竟由此打開了。」〔註2〕可見明季的學術具有鮮明的時代特色，一方面是程朱理學和陽明心學的繼續，隨著陽明心學範圍的逐步擴充，王艮、王畿、羅汝芳等王學大家紛紛來到皖南講學，徽州士人也以聽講於王學門庭，尊為時尚，在一段時間內，心學的衝擊使得程朱理學陷入窘境和危機。另一方面則蘊含著對宋明空疏學風的極大反動，如楊慎、胡應麟、焦竑、陳第、方以智等學者秉承漢學傳統，以經學考據而揚名立身，對經學文字聲韻的研究和名物制度的考證都做出了巨大貢獻，其中也不乏徽州學者。如果說在「致良知」的境況下，有「潛藏著讀書的種子」，「透露出古學復興的曙光」，那麼徽州地區的學術在此一時期也隨之變化。雖然其變化的力度還很微弱，形象還很稚嫩，但其方向正確，領域廣泛。僅就禮學研究層面而言，突出地表現為以考證古禮為核心內容，以古禮證今俗為實踐目的，陸續出現了如金瑤《周禮述注》、程明哲《考工記纂注》、姚應仁《檀弓原》及黃生《字詁》《義府》對禮經文字音訓的考證與闡釋。他們力圖用經史典籍來重塑古禮的形象，有溯源求古的意味。雖然大多沿襲前人舊說，或徑直抄錄，在思想層面上也有孤陋和淺薄之嫌，但他們所做「窄而深」的實證或微觀的分析歸納，最終將會引領到追源溯流的宏觀考量與思想昇華之中。

　　金瑤出身於徽州瑯溪金氏大族，早年曾出仕為官，嘉靖三十三年以後便家居不出，專力於居家課徒和編修《瑯溪金氏族譜》，隆慶二年完成族譜編纂，汪道昆賜序以弘揚之。《四庫全書總目》載其生平曰：「金瑤字德溫，號栗齋，休寧人。嘉靖辛卯選貢生，授會稽縣丞，再補廬陵縣丞，遷桂林中衛經歷，以母老不赴，教授鄉里，年九十七乃卒。」〔註3〕金氏著作存世者，今有《周禮述注》《六爻原意》及《栗齋文集》，皆為《四庫全書存目》所收錄。其禮

〔註2〕嵇文甫《晚明思想史論》第 156 頁，東方出版社，1996 年版。
〔註3〕參見《四庫總目‧六爻原意》的題解文字，《四庫全書總目》卷二十三「易類存目一」，中華書局 1965 年版。金氏另有《六爻原意》和《栗齋文集》，也為《四庫存目》所收錄，但「其文多闡發經義，大抵空言多而實際少。蓋其說《易》，說《周禮》即多以臆斷云」。

學著作《周禮述注》六卷，附錄《周禮二氏改官改文議》一卷，有明萬曆七年瑠溪金氏一經堂刻本。《四庫總目》評述之云：「是書成於萬曆己卯，前有瑤自序，並所作凡例十條。謂《周禮》之文為漢儒所竄改，其中有偽官、亂句，悉為考定，別以陰文書之。大旨本元吳澄《三禮考注》、明何喬新《周禮集注》之說，而又以臆見更定之。其補《冬官》之末，附以《改官議》《改文議》二篇，即評論二氏之得失者也。所定偽官亂句諸條，若親得周公舊本，一一互校而知者，亦可謂果於自信矣。」〔註4〕四庫館臣指責其書原本沿襲吳澄、何喬新之說，兼取鄭玄、賈公彥對《周禮》所作注疏之文而刪繁簡要，又旁採諸家，參以己見。惟其闡發不足，在於對鄭注賈疏中的名物度數之文大加削刪，且常牽引時事弊政以支難詰駁古人古事，太過以今度古。所言雖頗有貶抑，但統而言之，該書詞旨簡括，理明詞達，常標舉制作之義，仍有益於初入禮學者。

《周禮述注》是金瑤一生禮學造詣的集大成之作，據其自序所言：「余早歲為博士弟子，嘗劓五經之文以資進取，而不說於《禮記》，又求之《儀禮》亦然，於是索《周禮》而誦之。大聖人之制作，至哉文乎！體備情周，義正辭嚴，非其胸中蘊有天下古今之度者，曷足以及此。予雖非作者，然而揣摩之久，紬繹之深，遂覺此體若自己出，而外有所附，真如贅疣，一經吾目，便可指謫。如之何可以亂《周禮》？方今聖天子在上，以禮治天下，天下方翹首盛周之治。瑤不揣僭，以是編請正於大方君子，倘因是而得使此禮煥然復明於世，則豈惟吾道之幸，而於國家之治，亦未必無小補云。萬曆己卯九月望，徽郡金瑤序。」〔註5〕金氏自稱「劓五經之文以資進取」，注書只為「周公添一注腳」，意在稽古以為時用，故在《凡例》中指出：「周公治天下之大經大法，其有關於治道甚大，漢人亂以偽句，遂使程朱二大儒不欲注，而國家因以不列於學官。予初注此書，只欲為公添一注腳，不謂更得此亂句，故樂與諸君子共斥之。」該書成於萬曆己卯（公元1579年）九月，此時的作者比之十年之前，意欲扭轉禮學風氣的心情更為迫切。《周禮》寄託了他對「舊風醇俗」和昔日彬彬有禮風氣的追慕與嚮往。在他看來，《周禮》廣博精深，是周公治天下之大經，在漢時未能立於學官，全為漢儒「亂以偽句」所累，故此而力撰《周禮述注》，意在力圖辨明真偽，將漢儒後加的偽句「別之以陰

〔註4〕《四庫全書總目提要》卷二十三「禮類存目一」，中華書局1965年版。
〔註5〕金瑤《周禮述注自序》，參見《四庫全書存目叢書》經部八十二。

字」，還《周禮》以本真。

　　或因拙於學力，或為屈於學問路向，金瑤及其《周禮述注》在當世皆未得到公認，及至四庫館臣也認為金瑤所做的考證「不足辨」。但金氏欲往禮制考證方向的發展理念，也是明末學者治學的大勢所趨。《周禮述注》在經文下逐字逐句解釋經義的訓詁化趨勢，便是這種學風轉變的真實寫照。如金瑤解「冢宰」二字曰「山頂曰冢，冢，高也，大也；宰，制也，謂其在高大之位以制天下也」，其他如「世子」「典祀」「旬師」之類的文字聲訓和名稱考證內容，不勝枚舉。金氏生於巨族士紳之家，對於古器物與服飾等都有精深的研究，於祭祀、朝覲、軍旅、喪紀、田役、燕射、獻貢、眺聘、交際、辭令、揖讓登降、拜答問對等皆精通，故其所著禮書於制度名物之大小形色、種類區分、使用方法等名稱規格皆能述其所由來，時常以《詩經》《尚書》《孟子》等經文參校對注，其考證方法幾乎與後世考據學派並無二致。同時，金氏也善於辨章學術，考鏡源流。曰：「《周禮》，周之禮乎？曰非也，因於殷。殷之禮乎？曰非也，因於夏，然則夏之禮矣。曰虞之伯夷已典禮，夷之禮又必有所因。求其端，其天之所秩，而性有之乎？人之初生也，蠢蠢蠕蠕，若不見所謂禮者。而禮之全體大用已含於中。蓋生不能無性，性不能無情，情不能無親疏厚薄貴賤，而禮從生焉。其既也文生焉，又其既也文盛焉，卒至於三百三千而猶莫可已。是皆情之發，有不容已者如是。說者謂周尚文，非也，周焉能尚之也。質斂而文興，欲不尚之，不可得也。今觀之周禮，上自王后公孤卿大夫士，而下及眾庶，莫非人也，而莫不有禮也。大而祭祀朝覲、會同賓客、軍旅喪紀、田役燕射、獻貢眺聘；小而交際辭令、送逆進止、揖讓登降、授受拜答問對，莫非事也，而莫不有禮也。」〔註6〕由此可見，金氏在探索禮學源流的同時，時刻不忘義理之所寄，強調「天道性命」與「禮樂教化」的密切聯繫，深知「禮」非聖人臆造，實由「性理」中生發而來，並與「天理」處處相合，如此解經釋傳之法完全衣缽了朱子的禮學思想，認為「廣大如天地而無所不包，周匝如泰和元氣，流行而無微不被」，「大綱正於上，萬目舉於下，如乾坤定位，而山川人物，鳥獸草木，形形色色，各適其性，各足其分，而莫知為之者，浩乎其無畔岸，茫乎其無端緒，混乎其無滲漏。而究其所歸，不外乎立極一言，而五典之教乃為之本」，實則乃朱子「宇宙之間，一禮而已矣」的別一種闡釋。

〔註6〕金瑤《周禮述注自序》，參見《四庫全書存目叢書》經部八十二。

金瑤在為官之餘或居鄉之時,視家族禮儀規範為宗族極為重要之事。在主持編撰《瑞溪金氏族譜》時,即以禮樂教化為本,崇尚復古,胥化於民,強調「予宗之在吾邑,不可謂不大。然而近年以來,風俗之薄,固有小族之所不為而為之者……予因述古者化民成俗之義,敘於篇端以為據,復以舊俗與今俗之不同者條綴於後」。〔註7〕金氏希望通過古禮與今俗的直觀感覺和對比,讓族人明白古人如何行事,今人又如何執禮,以此使族人身潔行修,「化民成俗」,彬彬有禮,自覺地意識到「今俗」世風的諸多「不宜」。汪道昆為該譜作序時,也提到了金氏在修譜中對世風針砭時弊所做的努力,總結其功有十,後半部分就更多地涉及禮教問題。曰:「宗法不立,天下無家。尊祖敬宗,然後收族,作明宗第四。治中御史,邦家之休,凡厥後人,無念爾祖,作徵賢第五。士不家食,一命皆足以顯揚,果能毋失官常亦賢者事,作錄仕第六。閫帷之德,梱外不聞,厥有從一靡他,煌煌乎與國士爭烈,作見節第七。君子之言,信而有徵,若太史所職,郡邑所載,方策所存是已,作存述第八、袞翰第九。文獻足矣,其必循理守正,無忝先人。藉令俗不雅馴,惡用聚族為也,作陳俗第十。其事核,其律嚴,其言往往稱先王,壹以反本修古為務,蓋譜之良也。」〔註8〕由此可見,金瑤沉潛古禮,以小學和名物考證而入手禮義研究,嫉鄙俗如仇讎,努力使族人胥化於正,故在譜中專門列出,表彰聖賢主張的「禮以道其志,樂以和其聲,政以一其行,刑以防其奸」,以此維護儒家道統,成就聖賢之德,在更大程度上使得「同民心而出治道」,禮樂刑政極其一也;也在新的時代使得儒家傳統禮樂思想得以弘揚和延續。

二、程明哲《考工記纂注》的訓詁化傾向

范文瀾曾指出:「五四運動以前二千多年裏面,所謂學問,幾乎專指經學而言。」徽州的世家大族皆為中原衣冠,經學自然是其莘莘學子的必修之課。自南宋程大昌和朱熹以後,徽州的經史考證學風體現著中國學術思想的主脈和核心內容。明代學術雖然以經義理學為其主流,但經史考證實學也一直潛滋暗長,不絕如縷。如萬曆時期的歙縣人程明哲(字如晦,生卒年不詳,萬曆時在世),其《考工記纂注》二卷,成書於萬曆癸丑(公元1613年),較之

〔註7〕金瑤《金粟齋先生文集》卷四「陳俗」,《續修四庫全書》1342冊,上海古籍出版社2002年版。

〔註8〕汪道昆《太函集》第一冊「瑞溪金氏族譜序」,黃山書社2004年版,第445頁。

金瑤《周禮述注》稍晚。該書以文字聲韻和典章制度的詮釋為主，體現了徽州禮學的訓詁化傾向。又因承襲漢代鄭玄之注和宋代林希逸《考工記集解》為多，頗為後人所詬病。四庫館臣評價之曰：「是書主於評點字句，於經義無所發明，名為《纂注》，實剿襲林希逸《考工記圖解》之文。其誤亦皆沿林本。至經中軌字皆改為軌，獨與林本不同。考《詩‧匏葉篇》疏曰：《說文》云：軌，車轍也。軌，車前軌也。軌聲九，軌聲凡。輈人之軌前十尺而策半之。鄭司農云：軌謂軾前也，《大馭》：王祭兩軌，祭軓乃飲。古書軌為範。杜子春云範當為軌。《小戎傳》曰：陰掩軌也。箋曰：掩軌在軾前，垂輈上。然則諸言軾前，皆謂軌也。《中庸》云車同軌，《匠人》云經塗九軌。注云：軌，謂轍廣也。是二字辨別顯然。希逸尚不誤，明哲改之轉增一誤矣。」〔註9〕由此可知，程氏該書原本脫胎於南宋理學家林希逸的《考工記集解》（又名《鬳齋考工記解》），主要是對《考工記》中名物器數加以字讀句解，並佐以圖釋，為宋代研究《考工記》的上乘之作，頗為明代所重。對比林氏與程氏二書可見，雖然後者在體例、內容及圖釋上多與前者相似，但程氏之書遠承鄭注，近接唐宋禮書禮圖並加以改造和簡化的痕跡也清晰可見，在明末清初的學術變革時代，其學術價值和影響也不容小視。

　　《考工記》為戰國時期齊人所作，是對當時手工業發展水平予以總結的一部科技著作，西漢時被學者以《冬官》之名補入《周禮》一書。《考工記纂注》凡上下兩卷，並於卷尾附圖21幅，其圖示及注解予人以圖文並茂的直觀瞭解。程氏在全篇總敘中強調了因時制宜、因地制宜的重要性，認為「天有時，地有氣，材有美，工有巧，合此四者，然後可以為良」〔註10〕，所論「百工」之分工一節則是全篇的大綱，由此分述六類工種職事為：

　　第一類為攻木之工，包括輪人、輿人、弓人、廬人、匠人、車人、梓人。《輪人》一篇最長，主要職責是製作車輪車蓋，工序極為複雜。其車輪由轂、輻、牙三者組合而成，程氏注：「輻實輪而輳轂，故取於直指。直指者，取其直以指上下，上則轂，下則牙也。牙則包轂，輻而外輮，轂故取於固抱。固抱者，如人抱之而堅固也。」〔註11〕由圖可知，其牙即外圈經輮曲的木材中

〔註 9〕《四庫全書總目》卷二十三「禮類存目一」，中華書局1965年版。
〔註10〕程明哲《考工記纂注》，《四庫全書存目叢書》經部第八十四冊，第584頁，齊魯書社1997年版。
〔註11〕程明哲《考工記纂注》，《四庫全書存目叢書》經部第八十四冊，第587頁，齊魯書社1997年版。

可以插輻的孔，轂即車輪中心木材中可以插輻的孔。而輻即連接牙和轂的支架，共三十根。但並不是簡單具備轂、輻、牙三材就可以製作車輪的，要想盡三材之善，除了取材要順應天時地氣，做工還要精準，如牙「取諸圓」，輻「取諸易直」，轂「取諸急」等，《輪人》一章如此精緻良善，可以程氏「為輪貴乎圓」一語而概之。車蓋由達常、桯、部、弓組成，程氏注：達常，蓋斗柄也，乃近於蓋斗處；桯，蓋之槓也；部者，蓋斗也；弓，傘骨也。〔註12〕其中，達常和桯分別為蓋柄的上、下節，長度分別為二尺、八尺。根據弓的長度，又有六尺庇軹，五尺庇輪，四尺庇軫的區別。將弓長三等分，即蚤，「弓之末也」；尊，「弓近部處」；宇，「弓之彎處」。其中，尊高宇低，「則吐水疾而霤遠」。此外，車蓋的高度也有嚴格的規範，「蓋崇十尺」，程氏注：「古者以人為法，人長八尺，卑於此，則蔽人目，高於此，則難為門也。」從程氏著述的字裏行間可以感受到欲精通古禮，必熟稔古器物，古禮與古器之間是一組相互詮釋的對象，沒有禮器的實物形態，虛玄的禮意則無處顯現。程明哲對於《考工記》的精深研究，可謂深得古人禮意。其深知器物之用在於「陳其犧牲，備其鼎俎，列其琴瑟管磬鐘鼓，修其祝嘏，以降上神與其先祖，以正君臣，以篤父子，以睦兄弟，以齊上下，夫婦有所，是謂承天之祜」。乾嘉時代的禮學家正是清楚地看到了前人重視名物之學，才著力於深挖「儀文器數」，並從中探究「禮意」，既需「由字通道」，也應「由器而明道」，體用兼備，聖賢之志可通矣。

　　《考工記纂注》第二類為攻金之工，包括築氏、冶氏、桃氏、鳧氏、栗氏、段氏（闕）。冶氏專制殺矢、戈和戟。殺矢是田獵時所用的工具，《考工記》述其「刃長寸，圍寸，鋌十之，重三垸」，鄭注以為「寸」上脫「二」字。對此，程氏持有異議，故注：「長一寸，圍亦一寸」，如此情況，在《矢人》一章亦有相同情形出現，言「三分其羽以設其刃」及「刃長寸」，鄭注：「羽者六寸。」故得出刃二寸。賈公彥之說有所不同，認為「知脫二字者，據上，三分其羽以設其刃，若刃一寸，則羽三寸，矢一尺五寸則大短，明知脫二字也」。程氏沿用賈氏而下注為「羽者六寸」，以為「二」字是衍文，前後顯然矛盾。此後，清儒程瑤田也贊同「二寸」之說，曰：「戴東原補鄭注云：矢匕中博，刃長寸，自博處至鋒也。余見古矢鏃不為匕豐本銳末，自其半而漸殺

之。然則二寸者，刃之通長，言刃長寸者。戴氏由今匕以通其義，余見古鐵而知其形，蓋言其半之發於硎者耳。」〔註13〕由此可見徽州禮學家秉承前人之說，而又擅長以所見古器物考證經史文字之是非得失，前赴後繼，共同推進禮制禮儀的研究進程。程氏《考工記纂注》在名物器數和典章制度方面的用力，也啟導了此後徽州學者的經學名物考據之風。第三類為攻皮之工，包括函人、鮑人、韗人、韋氏（闕）、裘氏（闕）。函人主要製作甲衣，鮑人鞣製皮革，而韗人製作鼓。「韗人為皋陶」，程氏注：「皋陶，鼓木也。」鼓木，即鼓的木框，「以二十片板合而為皋陶」〔註14〕。根據規制大小，又分為鼖鼓和皋鼓。鼖鼓，即大鼓，長八尺，鼓面直徑四尺，鼓身中段圍長比鼓面長三分之一，「所以鼓軍事者也」；後者長丈二尺，鼓面直徑四尺，鼓腰彎曲如磬，「所以鼓役事者也」。《考工記》有「凡冒鼓，必以啟蟄之日」，對此現象，程氏釋之曰：「蓋蟄蟲聞雷聲而動，鼓所以取象也。」可見程氏生於理學昌明之時，而治學由文字訓詁、名物典制到花鳥草蟲之考證，皆熱衷考據，細緻入微，有資於經義考訂。第四類為設色之工，包括畫繪、鍾氏、筐氏（闕）、幌氏。幌氏的職責是掌管練絲與帛。程氏曰：「治絲、帛而熟之，謂之幌。」而使絲、帛軟熟的一大步驟，則是要經過七日七夜的水練浸泡，而絲、帛兩者浸泡的輔料有所不同，「練絲，以涗水漚其絲七日」；「練帛，以欄為灰」，至於「涗水」是「以欄為灰」，還是單純的「溫水」，程氏認為就是同一種材料，即「涗水，以灰沸水也」。孫詒讓《周禮正義》卷七十九在贊同鄭注「故書『涗』作『湄』；鄭司農曰『湄水，溫水也』。玄謂『涗水』，以灰所沸水也」的同時，與程氏所言「古凡治絲、麻、布、帛，必以灰」，及以「涗水」為「以欄為灰」的說法也桴鼓相應，不謀而合。可見程氏此書承接漢儒治禮傳統，深究於名物考證，疏落於義理闡發，確乎如後人所批評的「是書主於評點字句，於經義無所發明」，但也因此而成為稍後乾嘉考據學者所遵循的路徑，徽州學者江永、金榜和程瑤田的禮學著作，皆是由文字聲訓而得微言大義的風格和路徑。

《考工記纂注》第五類為刮磨之工，包括玉人、櫛人（闕）、雕人（闕）、磬氏、矢人。《玉人》論玉器製作，包括圭、璧、琮、璋等，皆為古代貴族朝

〔註13〕程瑤田《矢人為矢考》，參見《程瑤田全集》第二冊，第213頁，黃山書社2008年版。

〔註14〕程明哲《考工記纂注》，《四庫全書存目叢書》經部第八十四冊，第601頁，齊魯書社1997年版。

聘、祭祀、喪葬時使用的貴重禮器，依其規制大小和紋飾形式以別其地位的尊卑。譬如圭分六種，《周禮·大宗伯》有「以玉作六瑞，以等邦國。王執鎮圭，公執桓圭，侯執信圭，伯執躬圭，子執穀璧，男執蒲璧」。對於此處沒有提及子男所執為何物，程氏則認為是「不言子男守蒲穀者，闕文也」。因尊卑有別，而製作圭的原料成分也不相同：天子用全玉，上公用石占四分一的龍，侯用石占一半的瓚，伯用石占一半的埒，而瓚與埒的區別，程氏解釋為「諸侯以玉飾其中，伯以玉飾其柄」。至於璧與琮在外形上的區別，程氏指出「圓者為璧，方者為琮」，且琮的長短也對應著身份的尊卑，如「大琮，宗后所守，猶王之鎮圭也，謂之內鎮。天子馹琮，與宗后同，后則五寸，天子七寸，此隆殺之辨也」〔註15〕。璋有三種形制：大璋、中璋、邊璋，主要用於天子巡守天下時祭祀所經過的山川，「大山川用大璋，加文飾焉；次山川用中璋，其文飾稍殺；小山川用邊璋，飾其邊而已」。此處辨明璧琮與等級的人倫關係，即以器物見禮義。第六類為搏埴之工，包括陶人、瓬人。「搏埴」是以黏土捏製陶器的坯，陶人主要製作甗、盆、甑、鬲及庾等；瓬人則主要製作簋和豆等。程氏對此頗為精熟，認為甗乃無底；甗六斗四升；盆，用之以盛者也；甑，用之以蒸者也，有底而七穿，所以通火氣也；鬲，鼎屬，用之以烹者也；庾，用之以量者也；簋，祭祀之器也，方曰簠，圓曰簋，故《詩》曰于豆于登，皆祭器也。〔註16〕由此可見陶人主要製造炊具，而瓬人以祭器為主，禮樂之道寄寓如此之璧、幣、鍾、磬、管、弦中，而禮儀也由此而得以充分體現出來。程氏《考工記纂注》雖專攻於名物器數的辨析，但其字裏行間所透露出的動容周旋，已然古樸典雅，文質彬彬。正如其同邑姚際恒所言：「古人登降揖讓、飲食動作，無不各有儀，所謂動容周旋中禮，可以徵盛德之至。學者不可不務乎此也。」〔註17〕石韞玉亦曰：「道也者，寓於器而後長存者也。若謂執乎器不足以言禮樂，則捨乎器又何以知禮樂哉？」〔註18〕在飽含禮制法度的清儒心目中，古器物寄寓著禮意，古禮之意又寓於名物器數之中，捨器則今人難以知曉禮意。程氏之書即在於由「知器」而「藏禮」，再至「明禮」

〔註15〕 程明哲《考工記纂注》，《四庫全書存目叢書》經部第八十四冊，第 606 頁，齊魯書社 1997 年版。

〔註16〕 程明哲《考工記纂注》，《四庫全書存目叢書》經部第八十四冊，第 609 頁，齊魯書社 1997 年版。

〔註17〕 姚際恒《儀禮通論》卷首《儀禮論旨》，中國社科出版社 1998 年版。

〔註18〕 石韞玉《新學禮器記》，參見《獨學廬四稿》，《續修四庫全書》第 1466 冊。

而「傳道」，由一器一數而至通曉禮樂，「循器明禮」，而重振儒家禮儀規範，導風化俗以達和諧社會、太平世界。

三、姚應仁《檀弓原》的通經以致用

姚應仁，字安之，徽州人，生卒不詳，明天啟年間在世。姚氏一生喜讀禮書，尤為愛重《禮記‧檀弓》。自言：「《檀弓》一書大抵為喪葬祭發也，其味溫，其辭文，其所述動容周旋曲而中。予私心嚮往者久之，友人吳今生雅志經術，丙寅暇日，予合諸家疏義相與考訂，間亦時出一得。既卒業，今生問名於予，予曰：其原乎？蓋《易》有翼，《詩》有傳，予能述之。議禮之家如聚訟，作者往矣，業無從面質，又無可述，非原文索義，予將誰歸？猶之寫照者。然方圓大小，故吾具在，嫌其強也而易以他，貌即妍，非其質矣。予妄意六經之質不可易也，竟多與他貌不相似。國工其謂我何？天啟六年丙寅秋，姚應仁題於視履堂。」〔註19〕因《檀弓》一篇「味溫辭文」，且「動容周旋皆中禮」，姚氏於是精研原文，刪節陳澔《禮記集說》及諸家所論，參以己意，撰成《檀弓原》一書。

姚氏《檀弓原》以《檀弓》上下篇而分為兩卷，體例與一般經解類作品相似，主要是輯錄朱子、黃東發、吳澄、楊慎、陸佃、陳澔等多家評注，不主一家之言，而以己意注其中。文中夾註及句末「應仁曰」的諸多按語，是對《檀弓》原文所作的反切注音、文字訓詁、語詞疏通、章句詮釋等，但主體內容仍以疏通句意為目的，讀來義理暢然，但也有主觀隨意闡發之嫌。首先，該書在經文之下或為闡釋文字詞意，或為抒發己見，著重於借古諷今，感慨古今風俗之不同。如「孔子少孤」一節，姚氏注曰：「夫子之慎也，為父求墓也；今人之慎也，為子孫求福也。嗚呼！葬地而可以發福乎？則古人之不修墓也何故？吾徽卜地者十家九訟，甚且盜葬，則發福之說誤之也。」〔註20〕其次，姚氏議論多出乎己意，文人說經的意味濃鬱。如「子張之喪」一章，應仁曰：「公明儀，子張弟子，其平居自負以文王為師，則弟子儀者亦甚不易矣。今而北面子張，張果何人也邪？學者猶然執前日干祿之見目張，失張何

〔註19〕姚應仁《檀弓原》，《四庫全書存目叢書》經部 92 冊，第 743 頁，齊魯書社 1997 年版。

〔註20〕姚應仁《檀弓原》，《四庫全書存目叢書》經部 92 冊，第 746 頁，齊魯書社 1997 年版。

奠千里？」〔註21〕此以弟子的品行評論其師長，又「以文王為師」來肯定公明儀，雖通達音韻訓詁和經史典故，但仍有臆斷之嫌。故清代四庫館臣曰：「是編取《檀弓》上下二篇，刪節陳氏《集說》，益以諸家評注，而參以己意，亦往往失之臆斷。如何居之居，謂不應音姬，當作何處講，則並不知古義。又君子有終身之憂，故忌日不樂。蓋以喪期有限，而思慕無窮，故於此日戒之終身。而應仁謂一日不足以概終身，唯曾子不忍食羊棗，謂之日日忌。尤曲說矣。」〔註22〕在力圖發掘聖賢意蘊的同時，姚氏也重視字句訓詁，如其解「檀弓免焉」之「免」曰：「祖免，本五世之服，而朋友之死於他邦而無主者亦為之免。其制以布，廣一寸，從項中而前交於額，又卻向後而繞於髻也。」〔註23〕又如「趨而就子服伯子於門右」一節，姚氏認為「此時未小斂，主人未居阼階下，猶在西階下受其弔，故弓弔畢而就子服伯子於門右而問之也。」〔註24〕由此可見作者對於經文傳意的熟稔，並對前人之說善於歸納擇取，對古禮和時下的禮儀變遷也有深度的認識，如「夏后氏尚黑」一節，先引鄭玄「夏以建寅之月為正，物生色黑」，又引陳氏《集說》而將三代五德變化的緣由，作出一併解釋：「禹以治水之功得天下，故尚水之色；湯以征伐得天下，故尚金之色；周之尚赤，取火之勝金之意也。」〔註25〕姚氏溯源經史，又能在數代禮家注疏之後作出中肯公允之評判去取，運用之妙存乎一心。但也難免偏頗之處，更何況在解析經文時，易受前人著述的影響而常失之臆斷。如《檀弓上》「君子有終身之憂，而無一朝之患」一節，本意是說喪期雖有限而孝子思慕無窮，故於此日戒之終身。姚氏解之曰：「畢人子一生者，孝之謂也，三日三月三年，終身無時而不在。親者，孝子之心也，忌日不樂，終身之一事爾，而執是而可以概終身乎哉！曾子不忍食羊棗，謂之日日可忌矣。」〔註26〕以曾子不忍食羊棗，喻為孝子應終身日忌，便是截章拼湊而取義有偏，也有混淆不通之嫌。

《禮記·檀弓》篇多言上古喪禮之事，可補《儀禮·士喪禮》之所未備，

〔註21〕姚應仁《檀弓原》,《四庫全書存目叢書》經部92冊，第761頁，齊魯書社1997年版。
〔註22〕《四庫全書總目》卷二十四「禮類存目二」，中華書局1965年版。
〔註23〕《四庫全書存目叢書》經部92冊，第743頁。
〔註24〕《四庫全書存目叢書》經部92冊，第743頁。
〔註25〕《四庫全書存目叢書》經部92冊，第747頁。
〔註26〕《四庫全書存目叢書》經部92冊，第746頁。

個別章節的義理和文采俱佳，為後人傳誦不絕。姚應仁但取該篇為著述事，表明其崇禮遵禮的態度。他認為禮可修身齊家，「禮者可以為國」，「禮生即是國手」，並指出「禮，時為大，知古、今二字則知時矣」〔註27〕；「縣子當降服之日，而思古者不降之禮，其寄意也不亦遠乎？雖然，周公非好貴貴也，時也。周公八百年之天下，貴貴維之，欲仍古人親長之舊而不可得矣，故曰禮時為大」〔註28〕。由此可知姚氏對於禮的基本態度及其禮學觀，大致有四：（1）禮緣於情。書中多處以情釋「禮」，即「禮生於情，無情之禮何忍施之於母」；又曰：「哭於中庭，有人弔者，拜之，是禮也。自孔子於子路始也。子貢曰若喪子而無服是也。禮非從天降地出，情至則禮生焉。」〔註29〕其意為禮生於情，也能致情，明禮義以化之。又如論葬禮曰：「柩出，命引之者三，送葬之情也。大門外平日待賓客之處，孝子暫停柩於此，故曰哀次。君來時不必專在殯宮，或當柩朝廟時如之，或出大門哀次亦如之，隨地自致其情也。」〔註30〕姚氏所謂「情」，多為父母與子女之親情，君臣之情及師生之情，禮以情生，故禮不能禁情。（2）禮以義而起止。禮與情皆可因時而變，而禮之起止又必合於義，即「禮有以義起者，亦有以義止者，如古不修墓，子思不喪出母，曾子宿草不哭，此皆以義止者也」〔註31〕；「治墓一節，今人處厚，不若古人之薄，亦禮之以義起者也。要之，古人重廟故輕墓，骸則欲其速朽，生於土還於土焉，止矣；神則欲其久安，死而生之，亡而存之，非處於廟祀不可」〔註32〕。表明在姚氏思想深處，自始至終伴隨著遂欲達情的訴求和希冀，這也是明末儒者在思想自由的時代思潮裏，以遂欲達情為基點，在禮經的詮釋中滲入情慾的因素，從而彰顯禮的情感本質，為清代的實用禮學開闢出新的路徑。（3）禮有意有文，禮意為本，禮文為次。朱熹認為凡禮有本有文，姚氏接續朱子的「禮之本」而暢說「禮之情」，認為「意為本，知愛、畏二字則知意矣」。其意即禮意與禮文皆需維持，如「曾子呼子思將與之言禮意，而子思則與曾子言禮節，其救世維禮則均也」。因禮意為本，似較禮節為重，故曰「曾子真人也，得禮之意而不習禮之文者也」。（4）以心釋禮。明末的新

〔註27〕《四庫全書存目叢書》經部92冊，第770頁。
〔註28〕《四庫全書存目叢書》經部92冊，第772頁。
〔註29〕《四庫全書存目叢書》經部92冊，第746頁。
〔註30〕《四庫全書存目叢書》經部92冊，第782頁。
〔註31〕《四庫全書存目叢書》經部92冊，第746頁。
〔註32〕《四庫全書存目叢書》經部92冊，第761頁。

－101－

安理學者或多或少都會受到陽明心學的影響，姚氏該書多處提到「心」字，即以「心學」來解釋人的禮儀行為。曰：「曾子從心不從跡。其議禮也，心所不安，輒以義起。」〔註33〕「死有滅義，一哭一呼滅，或者出於哀死之心。」又曰：「祭祀之禮，本於生者之自盡，蓋神之饗不可知，有其誠則有其神也。故奠器不必問死者，問生者之心而已，生者之心素，器亦素焉而已矣。」〔註34〕可見在姚應仁的禮學觀念中，對於情、意、心的概念並非由「以詞通道」而來，故而混而不清，其中以心釋禮之法顯然帶有濃厚的主觀感情色彩。也就是說在傳統綱常倫理的限定範圍內，可以順情任性，增強主體意識的覺醒，甚或與釋道之學有所濡染，故四庫館臣評論其《大學中庸讀》曰：「至其持論，則多引佛經。解淇澳節有曰：密多者，瑟也；金剛不壞者，僩也；枝枝葉葉光明者，赫喧也。是不止陽儒而陰釋矣。」〔註35〕。可以說，在陽明心學特定歷史背景的籠罩下，以姚氏為代表的明末徽州學者，一方面秉承傳統禮學的經史訓詁之路，另一方面也汲取陽明心學的滋養，賦予禮儀與情感以普遍理性，實現天理向情理的轉化，並通過對禮經的詮釋，努力呈現出儒家禮秩模式，意在導風化俗，改善社會風習。同時，因心學對商賈逐利而能心安理得提供了切實的經典依據，故而對徽商身份的自我認同和事業發達，也提供了思想源泉和理論支撐。

綜上所述可知，晚明學術派別的紛繁複雜，以及學術風氣的空疏不實，使得此一時期的徽州禮學研究和禮儀傳承，也陷入「以理代禮」或「以心代禮」的主觀境地，甚或至於濡染佛道而趨向於異端化。但徽州畢竟是程朱闕里，朱子的「道問學」一脈依然餘韻尚在，部分徽州理學家懷著對昔日新安理學「求真是」精神的追溯，上下求索，尋覓突破心學的路徑和方法。嵇文甫曾認為：「晚明是一個心宗盛行的時代，無論王學或禪學，都是直指本心，以不讀書著名。然而實際上不是那樣簡單，每一個時代的思想界，甚至每一派思想的內部，常都是五光十色，錯綜變化的。在不讀書的環境中，也潛藏著讀書的種子；在師心蔑古的空氣中，卻透露出古學復興的曙光。世人但知清代古學昌明是明儒空腹高心的反動，而不知晚明學者已經為清儒做了些準備工作，而向新時代逐步推移了。」〔註36〕明中期以後，徽州的禮學研究出

〔註33〕《四庫全書存目叢書》經部92冊，第756頁。
〔註34〕《四庫全書存目叢書》經部92冊，第787頁。
〔註35〕《四庫全書總目》卷三十七「四書類存目」，中華書局1965年版。
〔註36〕嵇文甫《晚明思想史論》第144頁。

現了注重文字訓詁和典章制度研究的新趨向，與百年後清代樸學家的禮學著述在取材和寫作手法上多有相似之處。雖然內容稍顯單薄，稚氣未脫，影響也極其有限，但對明末禮法廢弛及心學化的禮學研究而言，已經具有充分的實學基礎和理論指導的探索和改良。那麼，表現在金瑤《周禮述注》、程明哲《考工記纂注》及姚應仁《檀弓原》等徽州禮學著述上的治學風氣，已經預示和展現出一定規模的實學考證之風。因此，稍後的黃生、姚際恒、江永與戴震等清儒的出現，便是拉開了清代考據學興盛的序幕，徽州禮學研究也由此進入新時代的發展方向。

從「清初之學大」至「乾嘉之學精」
——清學發展演變的內在理路

孔定芳

（中南民族大學民族學與社會學學院歷史系）

　　摘要：關於清代學術的發展演變脈絡，王國維曾提出一個著名的經典性命題：「清初之學大，乾嘉之學精，而道咸以降之學新」，迄今被奉為不刊之論。然而，這一命題不過是對「清學」的抽象概括，其間紛繁複雜的學術史細節尚待進一步發抉。以作為「清學」之中堅的乾嘉考據學而言，實際上經歷了明清之際之發軔，康熙中葉以後之深化發展，乾嘉時期之臻於成熟等三個階段。在考據學發展演變的三期中，既各有其學術關懷，亦共有其一脈相承的為學方法和取徑。就學術關懷而言，明清之際主要以抨擊禪學化的陽明心學之空疏學風為焦點；康熙中葉以後，以對理學核心範疇之經典依據的辨偽為中心；乾嘉時期則以建構儒學新道統論為究心所在。就方法和取徑而言，晚明以迄於乾嘉之際的學人皆以文字音韻的考據學方法為工具，依循「辟異端」的學術取徑。清代學術即循此以進，後先相承，終至考據學蔚為大國。

　　關鍵詞：清代學術；乾嘉學派；辟異端；道統

　　關於清代學術的發展演變脈絡，王國維曾提出一個著名的經典性命題：「清初之學大，乾嘉之學精，而道咸以降之學新」。該命題以凝練的語言高度概括出清代學術的階段性風貌和特質，影響深遠，迄今為學界奉為不刊之論。然而，這一命題不過是對「清學」的抽象概括，其間寓含的紛繁複雜的學術史細節尚待進一步的深入發抉。由「清初之學大」至「乾嘉之學精」，其間實隱伏著一條一脈相承而又呈現階段性特徵的內在線索。大體而言，明

清之際，以顧、黃、王為代表的學人以批判禪學化的心學空疏學風為焦點，促成學風發生棄虛蹈實的轉向；康熙中葉以降，以閻若璩、胡渭為核心，對宋明理學的經典依據進行辨偽，從而解構了理學道統論的合法性；乾嘉時期，惠棟、戴震和凌廷堪則以掀翻雜入釋老的理學道統論，並建構新道統論為最後關懷。

一

　　在儒學發展長程中，「辟異端」洵為一永恆主題。春秋戰國時期，諸子蜂起，百家爭鳴，遂有孟子之辟楊、墨；兩漢之際，佛教傳入、道教興起，釋、老便被儒者視為勁敵，自此以後，中古儒學之「辟異端」即以「釋老」為焦點。但無論楊、墨抑或老，其與儒學的爭鋒究屬中國本土文化的內部之爭。而佛教則傳自域外，終屬異質文化，其與儒學的交鋒爭勝更顯激烈。尤為關鍵的是，佛教自兩漢之際傳入中土，經魏晉南北朝的發展，至唐代已成鼎盛之勢，其對儒學的挑戰業已造成「儒門淡泊，收拾不住」的局面。所以，韓愈應時而起以「闢佛」相號召，並首創儒學道統說以與佛教之「法統」相拮抗。但相對於儒學而言，佛教具有長於哲理思辨的理論優勢，這樣，儒學要在與佛教的交鋒中立於不敗之地，必須吸納佛教（也包括道家）的思辨之長以建構自己的理論體系。所以，韓愈雖以排佛健將而享譽儒林，亦不得不「援佛入儒」，陳寅恪認為，韓愈借用佛氏有關本體論的思想以及邏輯推理與思辨形式，發展了當時陷於困境的儒學〔註1〕，誠為徵實之論。不過更為系統地襲用釋老思辨哲學而建構儒學思想體系的，無疑是宋明理學。無論程朱還是陸王，雖然主觀上對釋老皆抱持某種自覺的警戒和距離，甚至以「雜於禪」相互攻訐，然而事實上他們皆浸淫於釋老，並以其哲理思辨為奧援而建構理學的理論體系。周敦頤的《太極圖說》即借用道家的「無極」概念，以道家的宇宙觀構築其理學體系；程顥「泛濫於諸家，出入於老、釋者幾十年，返求諸《六經》而後得之」〔註2〕；而「集理學之大成」的朱熹，於釋氏之說則師其人、尊其道；至於陽明心學更有「陽明禪」之譏。晚明以降，陽明後學如趙貞吉、焦竑、李贄等竟公然為佛教張目，其援佛入儒、混淆儒釋疆界已至肆無忌憚。趙吉貞說：「學術之歷古今，譬之有國者……通天下之物，濟天下

〔註1〕陳寅恪：《論韓愈》，《歷史研究》1954年第2期。
〔註2〕《河南程氏文集》卷十一，《明道先生行狀》，載《二程集》上冊。

之物，而不必以地限也。」〔註3〕認為應打破儒、釋門戶之見，佛氏之「靈覺明妙」完全可為儒學所用，而不必像宋儒那般遮遮掩掩；焦竑認為佛教理論與儒家思想並無扞格，二者原本理論相通〔註4〕；而李贄則已「不以孔子之是非為是非」了。

　　釋老之雜入儒學導致了儒家綱常名教和世道人心的蠹壞，以及學風的空疏蕩越，勢必引發正統儒士的回應和抨擊。南宋時期，陳亮、葉適等事功學派人物即對理學的空談心性及其「靜坐」、「存養」工夫深致不滿，而倡言功利、考訂名物典制。迄至明代，即使在陽明心學興盛之際，亦有羅欽順、楊慎等指斥心學之佛家面目，抨擊禪學化心學之空談心性而力主「求證於經書」。羅欽順認為陸王心學「從源頭便是佛氏本來面目」，直指王陽明的「致良知」說並非源自孟子的性善論，而是借諸佛氏的「以知覺為性」，並力主為學當「取之於經書」〔註5〕；楊慎則認為陽明心學的援佛入儒是對綱常名教和世道人心的敗壞，竭力主張闢佛而本之儒家經典〔註6〕。但是，羅、楊正值陽明心學鼎盛時代，心學的禪學化之弊尚未充分顯露，士大夫亦以談玄說妙為興致所在，故他們的闢佛之論猶如空谷足音卻未能得到迴響。然而，迄至萬曆晚期，隨著明朝社會危機的加劇，以顧憲成、高攀龍為首的東林士子一躍而起，砥礪氣節，尊崇實學，「遠宗孔聖，不參二氏」〔註7〕，對王門後學之棄儒入禪大肆撻伐。顧憲成曾自述其涉禪之心路歷程：「余弱冠時好言禪，久之，意頗厭而不言；又久之，恥而不言；至於今，乃畏而不言。」〔註8〕由好而厭而恥而畏，可見其思想之深刻變遷。

　　明清易代，在「國變」的刺激下，漢族士人尤其是明遺民的「明亡之思」在學風層面幾無不將「神州蕩覆」歸因於禪學化的陽明心學之空談，「辟異端」思潮遂成波瀾壯闊之勢。顧炎武說：「劉石亂華，本於清談之流禍，人人知之，孰知今日之清談，有甚於前代者。昔之清談談老莊，今之清談談孔孟。未得其精，而已遺其粗……不習六藝之文，不考百王之典，不宗當代之務，舉夫子論學論政之大端一切不問……以明心見性之空言，代修己治人之實學。股

〔註3〕黃宗羲：《明儒學案》卷三十三，《泰州學案二》，《文肅趙大洲先生貞吉》。
〔註4〕黃宗羲：《明儒學案》卷三十三，《泰州學案四》，《文端焦澹園先生竑》。
〔註5〕羅欽順：《困知記》附錄，《答陳侍御國祥》。
〔註6〕楊慎：《升菴全集》卷二，《周音官話序》。
〔註7〕《東林書院志·顧涇陽行狀》。
〔註8〕黃宗羲：《明儒學案》卷五十八，《東林學案一》，《端文顧涇陽先生憲成》。

肱墮而萬事荒，爪牙亡而四國亂，神州蕩覆，宗社丘墟。」〔註9〕在顧炎武看來，正是「明心見性之空言」的學風導致了「神州蕩覆，宗社丘墟」的歷史悲劇。

　　與顧炎武同聲共氣、同氣相求，清初明遺民若王夫之、黃宗羲、費密、陳確諸人無不從反思學風的角度詆斥雜入釋老的理學尤其是陽明心學之「惑世誣民」。王夫之斥責道：「姚江王氏陽儒陰釋誣聖之邪說，其究也，刑戮之民，闖賊之黨皆爭附焉，而以充其『無善無惡圓融事理』之狂妄。」〔註10〕費密批評「致良知」說與「達摩面壁、司馬承禎坐忘、天台止觀同一門庭」，最終必然導致「學術蠱壞，世道偏廢」〔註11〕。陳確則特撰《異端論》、《禪障》以暢發其辟異端之論。在《異端論》中，他疾呼：「異端而自為異端焉，不必辯也；吾道而異端焉，斯不可不亟辯矣。」認為「倍道益甚，禍世益深」的佛、老，正是竄入「吾儒」「而人猶未覺其為異端」，「斯不可不亟辯」者。陳確更將「辟異端」與「闢夷狄」相提並論，他說：「『然二氏之徒日繁，而其教日益橫也，則奈何？』曰：『此非二氏之罪，而吾儒之罪也。闢夷狄而入處中國，非夷狄之罪，而中國之罪也。中國之大，而無人焉主之，則夷狄入而主之矣。吾儒而無人焉，則二氏之徒日繁，而其教日益橫也，亦勢必所至矣。』」〔註12〕在明清易代的特殊語境下，陳確的此番論說無疑隱含著對造成明亡的「吾儒之罪」的反省和追責。作為力倡「習行」之學的顏李學派之開山，顏元認為清談、禪宗「惑世誣民」，「晦聖道誤蒼生」，「其禍甚於楊、墨，烈於瀛秦」〔註13〕。在其所著《四存編》之《存人編》中，「以通俗之詞勸諭僧尼道士歸俗，及戒儒者談禪、愚民尊奉邪教」〔註14〕，並撰《靖異端》一文，備述「靖異端」之九種路徑，其中甚至有「火其書、人其人」的「誅毀」之說〔註15〕。而李塨不僅在「習行」之學上與顏元一脈相承，在辟異端問題上也是後先相繼。他說：「宋後，二氏學興，儒者浸淫其說，靜坐內視，論性談天，與夫子之言，一一乖反，而至於扶危定傾大經大法，則拱手張目，授

〔註 9〕黃汝成：《日知錄集釋》卷七，《夫子之言性與天道》。
〔註10〕王夫之：《張子正蒙注·序論》。
〔註11〕費密：《弘道書》卷下，《聖門定旨兩變序記》。
〔註12〕陳確：《陳確集》，《文集》卷五，《異端論》。
〔註13〕顏元：《顏元集》，《文集》卷五，《異端論》。
〔註14〕永瑢等：《四庫全書總目》卷九十七，子部，儒家類存目三，《存人編》提要。
〔註15〕顏元：《顏元集》，《存治編》。

其柄於武人俗士。」〔註16〕認為在王學禪學化的情景下,「高者談性天,撰語錄;卑者疲精死神於舉業,不惟聖道之禮樂兵農不務,即當世之刑名錢穀,亦懵然罔失,而掄管呻吟,自矜有學⋯⋯中國嚼筆吮毫之一日,即外夷秣馬厲兵之一日,卒至盜賊蜂起,大命遂傾,而天乃以二帝三王相傳之天下授之塞外。」〔註17〕無疑亦將明亡之責歸咎於禪學化的陽明心學。李塨本非明遺民,但透過其「明亡追究」則可見清初漢族士人的一般致思趨向。

清初諸儒中,黃宗羲在辟異端問題上的內心隱衷最堪玩味。與一般士人視王學為禪學不同,黃宗羲在《明儒學案》之《發凡》和《自序》中,一再地作王學非禪學的辯解,此固其「門戶之見深入而不可猝去」〔註18〕的表現,也曲折地映像出其時禪學已成眾矢之的的思想氛圍。

對於明遺民士人而言,明清易代不僅意味著政治「治統」的移易,更象徵著文化道統的危機。所以明遺民在進行明亡反思的同時,也從「衛道」的立場,以辟異端來釐清儒釋疆界,淨化儒學之道。明遺民關懷的這兩個面向皆以「辟異端」為聚焦。「道統」本為儒者最一般的關懷,孔子即謂「朝問道,夕死可矣」,但明遺民的「衛道」則因易代的特殊背景而與其「明亡之思」聯繫在一起。所以,陳確將「辟異端」與「闢夷狄」相提並論;前引陳確「吾道而異端焉,斯不可不亟辯矣」的話語,正表明其所為「辯異端」恰在於毋使佛、老等異端「亂吾道」、「害吾道」。而顏元所謂清談、禪宗「晦聖道」亦在同一語境下。正是抱持同樣的道統關懷,清初的遺民士人一度興起一股梳理學統、建構道統的思潮,黃宗羲的《明儒學案》、孫奇峰的《理學宗傳》、費密的《弘道書》、萬斯同的《儒林宗派》等即其代表。

清初以降,漢族士人尤其是明遺民基於「明亡之思」和「衛道」而展開的「辟異端」運動,就其學術影響而言,促成了學風的由玄虛轉而為篤實,由心性之空談轉而為考經證史之實學,從而開啟乾嘉考據學的端緒。

顧炎武被乾嘉以來學人視為「清學之開山」,從轉移學風的角度看,顧炎武堪稱導其先路。他不僅是從學風的層面進行「明亡追究」,而且明確標舉出「經學即理學」這一頗具時代氣息的命題,希冀以「修己治人之實學」去取代「明心見性之空言」,其曰:「理學之名,宋人始有之。古之所謂理學,經

〔註16〕 李塨:《恕谷集・與方靈皋書》。
〔註17〕 李塨:《恕谷集・書明劉戶部墓表後》。
〔註18〕 全祖望:《答諸生問南雷學術帖子》。

學也,非數十年不能通也……今之所謂理學,禪學也。不取之五經而但資之
語錄,校諸帖括之文而尤易也。」〔註19〕認為宋明理學那種「不取之五經」
的「離經言道」、「離經而談心性」的形上玄遠之風,實為「禪學」而已。以
「取之五經」為原則,顧炎武又旗幟鮮明地提出「讀九經自考文始,考文自
知音始」〔註20〕的考據學治學方法,並在為學實踐中藉以考辨經典,以剔除
經典中竄入的釋老「異端」。以《易經》的考證為例,顧炎武通過對《易傳》
之《繫辭》和《說卦》兩章中「太極生八卦之數」、「數來者順,知來者逆」
等命題的考辨,認為邵雍對《易經》的文本解讀有誤,進而批判宋代易學圖
書派以道教思想對經典的穿鑿附會,及其對聖人易學精神的背離。顧炎武說:
「聖人之所以學《易》者,不過庸言、庸行之間,而不在乎圖書象數也。今
之穿鑿圖像以自為能者,畔也……是故『出入以度,無有師保,如臨父母』,
文王、周公、孔子之《易》也;希夷之圖,康節之書,道家之《易》也。自
二子之學興,而空疏之人、迂怪之士,舉竄跡於其中以為《易》,而其易為方
術之書,於聖人寡過反身之學,去之遠矣。」〔註21〕可見,因否棄「空疏」、
「迂怪」之風而「辟異端」,最終一定是折向「考文知音」的方向,顧炎武的
為學路數如此,所以其被尊為「清學開山」洵為實至名歸了。

如果說顧炎武是因「明亡追究」而轉移學風的代表,那麼顏元則可視為
基於「衛道」而轉移學風的典型。在明清易代的特殊時勢下,顏元最為憂懼
的是異端「害道」,曾說:「吾之所懼,有甚於此者,以為真學不明,則生民
將永被毒禍,而終此天地不得被吾道之澤,異端永為鼎峙,而終此天地不能
還三代之舊。是以冒死言之,望有志繼開者之一轉也。」〔註22〕惟因有此「懼」,
所以顏元著《四存編》以明聖道,誠如其所言:「某為此懼,著《存學》一編,
申明堯、舜、周、孔三事、六府、六德、六行、六藝之道。」〔註23〕「《存性》、
《存學》二編,欲得先生一是之,以挽天下之士習而復孔門之舊。」〔註24〕
不同於理學家如朱熹所謂「道」乃「得之於天而具於心」的「別為一物」〔註25〕,

〔註19〕顧炎武:《顧亭林詩文集》,《亭林文集》卷三,《與施愚山》。
〔註20〕顧炎武:《顧亭林詩文集》,《亭林文集》卷四,《答李子德書》。
〔註21〕黃汝成:《日知錄集釋》卷一,《孔子論易》。
〔註22〕顏元:《顏元集》,《存學編》卷一,《明親》。
〔註23〕顏元:《顏元集》,《存學編》卷一,《上太倉陸桴亭先生書》。
〔註24〕顏元:《顏元集》,《存學編》卷一,《上徵君孫鍾元先生書》。
〔註25〕黎靖德編:《朱子語類》卷九十八,《張子之書一》。

顏元所謂「聖道」則具體落實在「堯、舜、周、孔三事、六府、六德、六行、六藝」之上。換言之，顏元之「明道」非借徑於形上玄遠之思，而是折向其所標舉的「實文、實行、實體、實用」的方向。這不僅表徵著清初經世致用思潮的崛起，也象徵著學風的深刻移易。

在明清之際的知識界，引領和推動時代學術新風的，顧炎武、顏元而外，黃宗羲、王夫之也是獨領風騷的人物。黃宗羲之學雖源自王學，但不以心性之談為究心所在，而是力主窮經、治史，所謂「學者必先窮經，經術所以經世。不為迂儒，必兼讀史。讀史不多，無以證理之變化；多而不求於心，則為俗學」〔註 26〕。黃宗羲雖以史學飲譽其時，然其「窮經」亦頗堪稱述。以其所著《易學象數論》而言，因有鑒於「九流百家」特別是道教之河圖、洛書之竄入，「而於《易》之本義反晦」，故其特為考辨，「一一疏通」〔註27〕。王夫之則以「六經責我開生面」自任，劉獻廷稱頌道：「其學無所不窺，於《六經》皆有發明。洞庭之南，天地元氣，聖賢學脈，僅此一線耳。」〔註 28〕總之，明清之際的學風轉移為乾嘉考據學的形成揭開了帷幕。

二

明末清初的「辟異端」思潮所促成的學風轉向，到康熙中葉以後進一步深化發展，並體現出不同於前一階段的諸多特點。以儒家經典的考據成果而言，此一階段最具代表性的有成書於康熙三十三年的閻若璩《古文尚書疏證》、刊行於康熙三十九年的胡渭《易圖明辨》，此外，顏元的《大學辨》和《四書正誤》、姚際恒的《禮記通論》、毛奇齡的《四書改錯》等亦相繼而出。以特點而論，在辟異端的目標和影響上，前一階段主要針對禪學化的陽明心學之空疏學風，並促成考經證史之實學和經世致用思潮的崛起，此一階段則深入到理學的學理內部，以抉發理學屬雜釋、老的經典依據。所以，在辟異端的方法上，前一階段主要藉文字音韻的考據手段以剔除羼入儒學經典之「異端」，而此一階段則主要通過辨偽以釐清儒經中受到釋老思想附會、偽託的內容，從文獻真偽層面檢視以四書為核心的宋明理學之合法性；在辟異端的經典對象上，前一階段以「六經」重點，而此一階段則重在「四書」而兼及「六經」中的《尚書》、《易經》。

〔註26〕《清史稿》卷四百八十。
〔註27〕黃宗羲：《易學象數論·自序》，載《黃宗羲全集》第九冊。
〔註28〕劉獻廷：《廣陽雜記》，載《船山全書》第十六冊，嶽麓書社，1996 年。

以《論語》、《孟子》、《大學》和《中庸》為代表的「四書」的經典化，是唐宋儒學發展的歷史產物。《大學》、《中庸》本為小戴《禮記》中的兩篇，唐代以前鮮有人重視。但因韓愈建構儒家道統而援引《大學》的言說為據，李翱以《中庸》思想抵制佛教教義，而逐漸為人所重。北宋時期，二程以《大學》為「初學入德之門」，以《中庸》為「孔門傳授心法」，而以其為建構理學理論體系的經典依據。南宋時期，朱熹將《大學》、《中庸》與《論語》、《孟子》整合，並為「章句集注」，「四書」的經典地位便最終確立起來。「四書」中，《論語》、《孟子》本為孔孟聖賢所作，故受到的質疑較少。而《大學》、《中庸》並無直接證據證明為曾子、子思所作，惟因理學家的極力提倡才得以列於「四書」。因此清初學者對「四書」的辨偽，多集中於《大學》和《中庸》兩篇。

從明清之際至康熙中葉的「辟異端」運動中，陳確可謂是一個關鍵的轉折性人物。他率先將「辟異端」的焦點由批判禪學化的陽明心學轉向了對經典真實性的辨偽，從而開啟了清初的辨偽之風，其所著《大學辨》即為開風氣之先的駭世之作。《大學》為朱熹所極力推崇而位列「四書」之首，乃理學「格物致知」方法論的經典依據。但陳確通過訓詁、辨偽的考證工夫證其為「偽作」，為「禪學」，開啟了康熙中葉以降解構理學經典依據的端緒。關於《大學》的作者，二程認定《大學》乃孔子遺書，朱熹則認為《大學》乃孔子之言而曾子記之。陳確通過考辯證定《大學》鮮少引用孔、孟言論，「大學」二字孔門中人也從未提及；甚至《大學》文本中還有抄襲《堯典》又改動《堯典》的破綻，從而論定《大學》為「偽作」。既然《大學》非聖人所傳，那麼其「格物致知」的思辨方法自然值得懷疑了。所以陳確認為《大學》之「知止」概念，「惟禪學之誕有之，聖學則無是也。」〔註29〕格物致知的方法論「亦為虛設」，實乃「空寂之學」〔註30〕。經由一番辨偽、考證，陳確認定程朱理學不僅在形而上的認識論、方法論上襲用禪宗，在形而下的綱常名教、倫理道德等方面也與傳統儒學扞格不入，而是半雜禪門：「《大學》其言似聖而其旨實竄於禪，其詞遊而無根，其趨罔而終困，支離虛誕，此游、夏之徒所不道，決非秦以前儒者所作可知。」〔註31〕不過，陳確雖從文本和文理兩方面

〔註29〕陳確：《陳確集》，《別集》卷十四，《大學辨一·大學辨》。
〔註30〕陳確：《陳確集》，《別集》卷十五，《大學辨二·答沈朗思書》。
〔註31〕陳確：《陳確集》，《別集》卷十四，《大學辨一·大學辨》。

考證了《大學》之偽，及其「雜於禪」的事實，然在考據的嚴謹性上尚不及後來的閻若璩、胡渭等人。但是，陳確畢竟開啟了清初經典辨偽的先機，《大學辨》成書之後半個多世紀裏，學界對「四書」的辨偽、考證一時蔚然成風。

繼陳確之後，姚際恒作《禮記通論》，亦對《大學》和《中庸》多所考辨。首先，考辨《大學》、《中庸》之偽。姚際恒以《大學》引用《詩經》出現的語法問題，判定其非古人之書，又以《大學》襲用《爾雅》而懷疑其成書時代；而於《中庸》則據其在文字上抄襲《孟子》，及其所載「車同軌、書同文」制度，斷定《中庸》非先聖之書。其次，考析《大學》、《中庸》之「雜於禪」。姚際恒通過《大學》與禪學之比堪，認為《大學》的「明明德」與禪宗神秀的偈語「心如明鏡臺，明德也；事事勤拂拭，明明德也」〔註32〕頗相類似。「定而後能靜，靜而後能安」一說也脫胎於「二氏」：「至於『定』字，自釋迦以來，已有『入定』之說。至於『靜』字，聖賢諸經，從無單言靜者……其單言靜字，則二氏之說也，始於老子，其言最多，曰『守靜篤』、『歸根曰靜』、『我好靜而民自正』……至於『安』字，亦禪家之說，所謂『安心法』、『將心來與汝安』，亦不可憚述也。」〔註33〕同樣，姚際恒以理證和考據的方法論定《中庸》之雜入釋老之跡。如以《中庸》內容之過於抽象，與孔、孟強調日用人倫、重視個人修養的主張大相徑庭，而是雜入了二氏思想。又以梁武帝、李翱和周敦頤等為例，證明「好禪學者必尚《中庸》。尚《中庸》者，必好禪學。」〔註34〕對於《中庸》所謂「致中和，天地位焉，萬物育焉」之說，姚際恒認為此說大而空，不符合儒家習慣，反而類於佛教《華嚴經》、《楞嚴經》之言說。而《中庸》所謂「《詩》云：鳶飛戾天，魚躍于淵，言其上下察也」，姚際恒指其既類於老莊之「以氣化道」，又與禪宗佛偈常引以喻道相彷彿〔註35〕。

除四書外，《尚書》和《易經》同樣也是其時學人辨偽的重點對象。《古文尚書》自唐以後被視為經典正統，宋代理學家更以《大禹謨》篇之「虞廷十六字」為理學理論體系的經典依據。閻若璩的《古文尚書疏證》一方面從篇名、篇數、典籍、典制、天文、地理、語言、習慣、文法等方面舉證一百二十八條，以嚴謹細密的考據證定《古文尚書》為東晉人偽作。另一方面則

〔註32〕杭世駿：《續禮記集說》卷九十七。
〔註33〕杭世駿：《續禮記集說》卷九十七。
〔註34〕杭世駿：《續禮記集說》卷八十六。
〔註35〕杭世駿：《續禮記集說》卷八十七。

聚焦於作為理學形上學的經典依據——「虞廷心傳」，考證其為道家之言。《疏證》第三十一條「言人心惟危道心惟微純出荀子所引道經」曰：「或難余曰：虞廷十六字為萬世心學之祖，子之辭而闢之者，不過以荀卿書所引偶易為《道經》，而遂概不之信，吾見其且得罪於聖經而莫可逭也。余曰：唯唯否否。堯曰：諮爾舜，允執其中。傳心之要盡於此矣，豈待虞廷演為十六字而後謂之無遺蘊與？……是以大放厥詞昌明其偽，不然徒以『道經』二字輒輕議歷聖相傳之道統，則一病狂之人而已矣，豈值得罪焉已哉！」閻若璩的辨偽具有重要的思想史意義，梁啟超說：「二千餘年來公認為神聖不可侵犯之寶典，上自皇帝經筵進講，下至蒙館課讀，沒有一天不背誦他。忽焉真贓實證，發現出全部是假造，你想，思想界該受如何的震動呢？」〔註36〕。而「虞廷十六字」乃理學形而上理論的重要來源，程朱據此而有「人心道心」二分說，進而衍生出「天理人慾」之辯，然閻若璩卻證其為源自道經，這就使得理學的核心理論失去了經典依據上的合法性。黃宗羲所撰《古文尚書疏證》《序》說：「虞廷心傳」「十六字其為理學之蠹甚矣！」〔註37〕，所以，《古文尚書疏證》對雜入異端之理學的摧陷廓清不言而喻。

對於《易經》的辨偽則有胡渭的《易圖明辨》。胡渭在前一階段顧炎武、黃宗羲考證《易經》的基礎上，溯源竟流，條分縷析，展開對理學雜糅道家之論的揭示。在清初，源出道士陳摶的圖書派易學一度成為眾矢之的。然而，毛奇齡的《圖書原舛編》、黃宗羲的《易學象數論》和黃宗炎的《圖書辨惑》，「尚未能窮溯本末，一一抉其所自來」。而胡渭通過細密考證，辨明宋儒附會於《易經》的《河圖》、《洛書》的傳授源流，即宋儒傳自邵雍，邵雍受諸李之才，李之才受諸道士陳摶。從而論定《河圖》、《洛書》非儒家所有，與《易》無關。同閻若璩一樣，胡渭的著述旨趣也不在為考證而考證，而是要藉由考證釐清儒、道畛域，以不使異端「亂吾經」。胡渭說：「老莊之徒，掊擊仁義，故厭薄周孔之辭，以為不足道。儒者不能辭而闢之，反為之推波助瀾，尊伏羲不言之教，抑三聖闡幽之辭，豈不悖哉！」〔註38〕對於圖書派的開山鼻祖陳摶，胡渭說：「希夷，老氏之徒也。著《指玄篇》，言導養還丹之事……先天圖於造化陰陽之妙，不無所窺見，要之，為道家之《易》，而非聖人之《易》，

〔註36〕梁啟超：《中國近三年百年學術史》，山西古籍出版社，2001年，第72頁。

〔註37〕閻若璩：《古文尚書疏證》卷首。

〔註38〕胡渭：《易圖明辨》卷十，《論溪津生》。

其可以亂吾經焉？」〔註39〕《易經》在理學理論體系中亦享有經典的權威地位，誠如梁啟超所言：「所謂《河圖》、《洛書》，實組織『宋學』之主要根核。宋儒言理，言氣，言數，言命，言心，言性，無不從此衍出。周敦頤自謂『得不傳之學於遺經』，程朱輩祖述之，謂為道統所攸寄，於是佔領思想界五六百年，其權威幾與經典相埒。渭之此書，以《易》還諸羲、文、周、孔，以《圖》還諸陳、邵，並不為過情之抨擊，而宋學已受『致命傷』」〔註40〕

三

迄至乾嘉，濫觴於明清之際的考據學蔚為大國。此期學人的經史考據雖仍以「辟異端」為取徑，然其學術關懷業已發生深刻變遷。無論是明清之際以顧、黃、王為代表的明遺民，還是康熙中葉以降以閻若璩、胡渭為代表的早期考據學者，其為學旨趣尚未脫出理學的藩籬，前者之批判禪學化的陽明心學之空疏學風，後者之對理學經典依據的辨偽，本質上尚是理學內部的一種自我修正。但是，乾嘉時期，隨著明遺民學人的相繼去世，以及棄虛蹈實學風的長期浸潤和理學經典依據的解構，乾嘉學者實已厭棄形上玄遠的理學，而唯考據學是尊，宋學則被置於不議不論之列。在此基礎上，乾嘉學人之「辟異端」已不復以理學修正為歸趨，而以建構儒學新道統論以取代宋儒道統論為最後關懷。惠棟、戴震、凌廷堪分別代表了這一儒學新道統論建構過程的三個不同階段。惠棟以「漢學」標幟，戴震標舉「以情代理」以及凌廷堪倡言「以禮代理」，後先相繼，皆欲以「自得之義理」去「奪朱子之席」而為新道統論之建構。

乾嘉時期，惠棟最先以「漢學」立幟，試圖以東漢古文經學取代宋儒義理之學。在構築漢學體系的過程中，惠棟著力最多、成就最高的無疑在於易學。其治《易》一經之著述，即有《周易述》、《易漢學》、《易例》、《荀爽易》等。其《易》學著作以「辟異端」為取徑，以考據為工具，駁詰宋儒《河圖》、《洛書》、先天、太極之說，深得乾嘉學者推重。在《易漢學·自序》中，惠棟說：「六經定於孔子，毀於秦，傳於漢。漢學之亡久矣……惟王輔嗣以假象說《易》，根本黃老，而漢經師之義蕩然無復有存者矣。」〔註41〕惠棟以「漢

〔註39〕胡渭：《易圖明辨》卷十，《論溟涬生》。
〔註40〕梁啟超：《清代學術概論》，東方出版社，1996年，第15頁。
〔註41〕惠棟：《易漢學·自序》。

易」為圭臬的《易》學主張為乾嘉考據學立下了「治經復漢」的典範。此一「典範」正蘊涵著「辟異端」的學術關懷。誠如錢大昕所言:「詁訓必依漢儒,以其去古未遠,家法相承,七十子之大義猶有存者。」〔註42〕惠棟之治《易》無疑亦以「辟異端」為聚焦,其言曰:「聖人作八卦,所以奉天時,道家創為先天之學而作先天八卦位,託之伏羲,誕之甚,妄之甚……捨後天而別造先天之位,以周孔為不足學,而更問庖犧。甚矣,異端之為害也,不可以不闢!」〔註43〕由於漢《易》未為釋老所染而保有《易》之本義,故在《周易述》《易微言》篇中,惠棟以漢《易》解《大學》、《中庸》。關於「理」這一宋明理學藉以立說的核心概念,惠棟推衍出「理」字古義,認為「理」、「道」二字有異,否認宋儒「理道合一」論;又引用《繫辭》、《說卦》中「窮理盡性以至於命」、「理屬是,不屬天」等易學觀念,強調「理」並非如宋儒所言無處不在、萬古不變且與人慾對立,從而摧毀了理學「存天理,去人慾」的理論基礎;在「養心」說上,惠棟認為《大學》「欲正其心,先誠其意」與荀子「養心莫善於誠」相通,以此駁斥宋儒之褒孟貶荀。因此惠棟斷言:「七十子之徒所傳之大義,與宋儒旨趣不同」〔註44〕,於是,程朱自謂承接孔孟道統之傳的道統合法性也就受到質疑。

如果說惠棟的學術關懷在於以「漢學」代「宋學」,質疑以至否定宋儒之道,那麼戴震則是以「自得之義理」去「奪朱子之席」了,即如翁方綱所言:「(戴震)其人不甘以考訂為事,而欲談性道以立異於程朱。」〔註45〕顯然,戴震的學術關懷不在考據,而在「聞道」,一如他自己所言,自十七歲即有志聞道,以「君子務在聞道」自期〔註46〕,所以他認為:「凡學始乎離詞,中乎辨言,終乎聞道」〔註47〕。而「道在六經」,藉「傳經之儒」以傳承,因此,欲「聞道」或「明道」,一方面須抉發「六經」之本義以探尋「儒學之道」的真義所在;一方面須通過「辟異端」以恢復被釋老淆亂了的儒學之道的本來面目。這兩方面的工作無疑皆要借助於訓詁考據的手段,而非「空憑胸臆」

〔註42〕錢大昕:《潛研堂文集》卷二十四,《臧玉林經義雜識序》,載《潛研堂集》上冊。
〔註43〕惠棟:《易漢學》卷八。
〔註44〕惠棟:《周易述》卷二十。
〔註45〕翁方綱:《復初齋文集》卷七,《理說駁戴震作》。
〔註46〕戴震:《戴震集》文集卷九,《答鄭丈用牧書》。
〔註47〕戴震:《戴震集》文集卷十一,《沈學子文集序》。

所可至，誠如戴震所謂：「惟空憑胸臆之卒無當於賢人聖人之理義，然後求之古經。求之古經而遺文垂絕，古今懸隔也，然後求之故訓。故訓明則古經明，古經明則賢人聖人之理義明，而我心之所同然者，乃因之而明。賢人聖人之理義非它，存乎典章制度者是也。」〔註48〕基於此，戴震一貫倡導和堅守「由字以通其詞，由詞以通其道」〔註49〕的考據學方法以考經證史。以考據學的視野去檢視宋儒義理，戴震發現：「宋儒言性、言理、言道、言才、言誠、言明、言權、言仁義禮智、言智仁勇，皆非六經、孔、孟之言，而以異學之言揉之。」〔註50〕在《答彭進士允初書》中，戴震說：「宋以前，孔孟自孔孟，老釋自老釋。談老釋者高言其妙，不依附孔孟。宋以來，孔孟之書盡失其解，儒者雜襲老釋之言以解之，於是有讀儒書而流入老釋者。」〔註51〕宋以來的「異端亂道」是以「聞道」為究極的戴震所不能容忍的，職是之故，戴震臨歿前必欲去完成其平生著述之最「大」者的《孟子字義疏證》。書成，戴震致書段玉裁說：「僕生平著述，最大者為《孟子字義疏證》一書，此正人心之要。今人無論正邪，盡以意見誤名之曰理，而禍斯民，故《疏證》不得不作。」〔註52〕晚年的戴震已然有了關於儒學之道的「自得之義理」，所以他極欲借撰作《孟子字義疏證》予以闡發。在書中，戴震就理學立論的一系列核心範疇一一加以疏證，其中尤以關於「理」字的疏解十五條，對宋明理學的批判最為激烈。首先，與宋儒「以理為如有物焉，得之於天而具於心，因以心之意見當之也」〔註53〕不同，戴震認為：「人倫日用，聖人以通天下之情，遂天下之欲，權之而分理不爽，是謂理。」〔註54〕在事物，「理」即「條理」；在社會生活，「理」即「以情絜情而無爽失」〔註55〕。而宋儒「以意見為理」必然導致「以理責人」：「尊者以理責卑，長者以理責幼，貴者以理責賤，雖失，謂之順；卑者、幼者、賤者以理爭之，雖得，謂之逆」。所以戴震發出「酷吏以法殺人，後儒以理殺人」，「人死於法，猶有憐之者；死於理，其誰憐之」〔註56〕的振聲發

〔註48〕戴震：《戴震集》文集十一，《題惠定宇先生授經圖》。
〔註49〕戴震：《戴震集》文集九，《與是仲明論學書》。
〔註50〕段玉裁：《戴東原先生年譜》，《戴震集》附錄三，乾隆三十一年條。
〔註51〕戴震：《孟子字義疏證·答彭進士允初書》。
〔註52〕段玉裁：《戴東原先生年譜》，《戴震集》附錄三，乾隆四十二年條。
〔註53〕戴震：《孟子字義疏證》卷上，《理》。
〔註54〕戴震：《孟子字義疏證》卷下，《權》。
〔註55〕戴震：《孟子字義疏證》卷上，《理》。
〔註56〕戴震：《孟子字義疏證》卷上，《理》。

職之論。其次，指斥宋儒之「理」的「異端」本質。戴震認為宋儒之「理」源於佛、道的「真空」、「真宰」；其「存理滅欲」說亦本自釋老：「老聃、莊周無欲之說，及後之釋氏所謂空寂，能脫然不以形體之養與有形之生死累其小……宋儒程子、朱子易老、莊、釋氏之所私者而貴理……於是辨乎理欲之分」〔註57〕。所以，在《孟子字義疏證》中，戴震「拈理欲一辨，力加呵斥」〔註58〕。朱熹說：「人慾云者，正天理之反耳」，戴震則說：「理者，存乎欲者也」〔註59〕；宋儒以「人慾所蔽」為常談，戴震則以「欲之失為私，不為蔽」〔註60〕為言。所以戴震最為強調「人慾」的合理性：「聖人治天下，體民之情，遂民之欲，而王道備。」〔註61〕「道德之盛，使人之欲無不遂，人之情無不達，斯已矣。」〔註62〕這樣，戴震通過肯定「情」、「欲」的合理性，建構起「以情代理」的新道統論，從而「以《六經》、孔、孟之怡還之《六經》、孔、孟，以程、朱之怡還之程、朱，以陸、王、佛氏之怡還之陸、王、佛氏。俾陸、王不得冒程、朱，釋氏不得冒孔、孟」〔註63〕。

　　承繼著戴震建構新道統論的餘緒，其私塾弟子凌廷堪亦致力於「辟異端」以建構儒學新道統論。凌廷堪一生治學以《儀禮》為擅場，《禮經釋例》即其禮學代表作。他所以選擇《儀禮》為研究對象，則基於一個根深蒂固的觀念：「聖人之道，一禮而已矣……禮之外，別無所謂學也。」〔註64〕所以，在戴震「以情代理」的基礎上別倡「以禮代理」的新主張。而這一主張同樣建基於「辟異端」的學術實踐。通過檢視《論語》、《大學》等經典，凌廷堪對宋儒之「理」的來源提出質疑：「《論語》及《大學》皆未嘗有『理』字，徒因釋氏以理事為法界，遂援之而成此新義……無端於經文所未有者，盡援釋氏以立幟」〔註65〕，因此「鄙儒遂誤以為理學為聖學也」〔註66〕。他又進一步強調說：「聖人之道……但恒言禮，未嘗一言及理也……彼釋氏者流，言心言

〔註57〕戴震：《孟子字義疏證》卷下，《權》。
〔註58〕錢穆：《中國近三百年學術史》，商務印書館，1997年，第389頁。
〔註59〕戴震：《孟子字義疏證》卷上，《理》。
〔註60〕戴震：《孟子字義疏證》卷上，《理》。
〔註61〕戴震：《孟子字義疏證》卷上，《理》。
〔註62〕戴震：《孟子字義疏證》卷下，《才》。
〔註63〕段玉裁：《答彭進士紹升書》，《戴震集》附錄三。
〔註64〕凌廷堪：《校禮堂文集》卷四，《復禮上》。
〔註65〕凌廷堪：《校禮堂文集》卷十六，《好惡說下》。
〔註66〕凌廷堪：《校禮堂文集》卷四，《復禮下》。

性，極於幽深微眇，適成其為賢知之過。聖人之道不如是也。其所以節心者，禮焉爾，不遠尋夫天地之先也；其所以節性者，亦禮焉爾，不侈談夫理氣之辨也……聖人之道所以萬世不易者，此也；聖人之道所以別於異端者，亦此也。」因此凌廷堪斷言：「聖學禮也，不云理也」〔註67〕，「洛、閩之後名為聖學，其實皆禪學也。」〔註68〕基於此一理念，凌廷堪畢生以《儀禮》為究心所在，欲以對載之《儀禮》的古禮的探賾、考辨，「扞禦異端，不使侵我六經」〔註69〕，最終建構起「以禮代理」的新道統論。

　　總之，從明清之際以迄於乾嘉時期，作為清代學術重鎮的考據學，由發軔、發展演變而至成熟，實際上是依循「辟異端」的路徑，憑藉考據學的手段，最終實現道統重建。此一道統重建雖以「道統還原」的形式呈現，但在「回歸元典」的表象背後，實際上潛藏著清代學人建構儒學新道統論的終極關懷。與宋明理學的道統論相較而言，乾嘉學人建構的新道統論已由超越性的形上之道落實為人倫日常的形下之道，實乃質樸的乾嘉考據學在義理上最具思想史意義的重要創獲。

〔註67〕凌廷堪：《校禮堂文集》卷十六，《好惡說下》。
〔註68〕凌廷堪：《校禮堂文集》卷二十四，《復錢曉徵先生書》。
〔註69〕凌廷堪：《校禮堂文集》卷四，《復禮上》。

─119─

東晉時期《喪服》詮釋略論

鄧聲國

　　摘要：東晉時期的《喪服》制度及其《喪服》文本詮釋，是當時禮經學研究的主要側重點，其中尤以蔡謨、孔倫、葛洪等人的詮釋著述為代表。各家的《喪服》制度詮釋，從詮釋涉略面到詮釋理路和詮釋體式的選擇，及其各家面對王鄭學術的紛爭之不同選擇，都呈現出「同異紛呈」的治學狀況。究其總體詮釋狀況而言，東晉時期的《喪服》制度詮釋，大體是建立在兩漢三國和西晉經學發展的基礎上，進一步深化和拓展的結果。

　　關鍵詞：東晉；《喪服》制度；詮釋理路；詮釋特徵

　　作者簡介：鄧聲國，博士，井岡山大學人文學院教授，主要從事禮學文獻整理和研究。

　　三國兩晉時期，是中國古代歷史上由東漢時期的統一、和平穩定走向三國分裂、戰亂，經由西晉短暫統一，重新陷入長期分裂、戰亂的歷史時期。公元 317 年，琅邪王司馬睿在南方重建晉王朝，建都於建康，與控制北方黃河流域的十六國諸政權隔江對峙，史稱「東晉」。在門閥政治統治體制下，東晉司馬氏的統治維持至公元 420 年，為劉裕建立的「宋」政權所取代，東晉宣告滅亡。作為國家主流意識形態的經學，在三國、西晉經學積累的基礎上迅即走向繁榮，東晉時期的整個社會始終彌漫著一種尚儒學析義理的學術風氣，一部分學者終生恪守傳統經學，而諸多世家大族亦將經學作為傳家的重要手段，使得東晉時期的經學研究，在兩漢以後再次出現輝煌的印跡。晉元帝司馬睿在接受「八王之亂」和「永嘉之亂」的慘痛教訓之後，曾深有所感地說：「夫興化致政，莫尚乎崇道教，明退素也。喪亂以來，儒雅陵夷，每覽

《子衿》之詩，未嘗不慨然。」〔註1〕其所言「崇道教」，實際上就是強調要尊崇儒家之禮樂教化，而禮學在維護社會穩定等方面，恰好扮演著相當重要的角色，正所謂「帝王之至務，莫重於禮學」〔註2〕。更有甚者，一些帝王如司馬曜之流通過自身的讀經倡禮實踐，推進社會上儒學的復蘇和禮教的樹立。據《晉書》記載，「孝武帝嘗講《孝經》，僕射謝安侍坐，尚書陸納侍講，侍中卞眈執讀，黃門侍郎謝石、吏部郎袁宏執經，胤與丹陽尹王混摘句，時論榮之」〔註3〕。

和西晉時期一樣，東晉的許多學者編纂了不少禮學著作，藉以調整當時社會失序的倫常關係，指導當時士族的生活。有學者統計，「這一時期可考的經學學者約 156 家，經學著作 306 種。東晉時期《禮》學研究最受重視，其次《易》學，再次《春秋》學」〔註4〕。根據《隋書·經籍志》和王鍔《三禮研究論著提要》等的著錄，東晉時期《儀禮》研究方面的論著主要有：劉昌宗《儀禮音》1 卷；李軌《儀禮音》1 卷；范宣《儀禮音》1 卷；王廙《出後者為本父母服義》；蔡謨《喪服譜》1 卷，《喪服圖》1 卷；葛洪《喪服變除》1 卷；孔倫《集注喪服經傳》1 卷；何琦《孫曾為後議》1 卷；劉逵《喪服要記》2 卷；范汪《祭典》3 卷。上述這些禮經詮釋著作，除開范汪的《祭典》一書以外，其他學者的詮釋著作都涉及到對《儀禮·喪服》篇的詮釋與發微。為顯明這一時期《喪服》詮釋特點，下面我們將擷取蔡謨、孔倫、葛洪諸家的詮釋之作略加剖析，並在此基礎上對這一時期的《喪服》詮釋共性特徵進行總結性說明。

一、蔡謨與《喪服譜》等

蔡謨（281～356），字道明，陳留考城（今河南民權縣）人。出身於世族大姓，祖上世代為官。東晉時期重臣，與諸葛恢、荀闓並稱為「中興三明」，又與郗鑒等八人並稱為「兗州八伯」。早年即被察舉為孝廉，因避戰亂而南下至江東，被時任東中郎將的司馬紹引為參軍。司馬睿為丞相時，辟蔡謨為掾屬，又轉任參軍。歷任中書侍郎、義興太守、大將軍從事中郎、司徒府左長

〔註 1〕〔唐〕房玄齡：《晉書》卷九十一《虞喜傳》，中華書局 1974 年，第 2348 頁。
〔註 2〕〔唐〕房玄齡：《晉書》卷六十九《戴邈傳》，中華書局 1974 年，第 1848 頁。
〔註 3〕〔唐〕房玄齡：《晉書》卷八十三《車胤傳》，中華書局 1974 年，第 2177 頁。
〔註 4〕劉運好：《從崛起到鼎盛：魏晉經學「中衰」論辨正》，《浙江社會科學》2018 年第 4 期。

史、侍中等職。成帝時，蔡謨因參與平叛蘇峻之亂有功，事後遷侍中、五兵尚書，領琅邪王師，賜爵濟陽男。此後，歷任太常、秘書監、太傅、太尉、司空。郗鑒去世後，被拜為征北將軍，都督徐、兗、青三州軍事。康帝即位後，入朝任左光祿大夫、開府儀同三司。又領司徒，與會稽王司馬昱共同輔政。後被正式拜為侍中、司徒，因執意推辭不就任，朝臣奏請送交廷尉治罪，後被削職為庶人。此後便閉門不出，終日教授子弟。數年後，再拜為光祿大夫、開府儀同三司，但他稱病不朝，無心政事。永和十二年（356），蔡謨去世，被追贈為侍中、司空，諡號文穆。

考唐人杜佑《通典》所引佚文，蔡謨於禮儀祖廟制度多所議定，尤其對喪服制度多有研究。據《隋書‧經籍志》、《舊唐書‧經籍志》、《新唐書‧藝文志》記載，蔡謨著有《喪服譜》1卷，朱彝尊《經義考》云此書已佚。另據宋鄭樵《通志‧圖譜略》和清文廷式《補晉書藝文志》記載，蔡謨還著有《喪服圖》1卷，同樣亡佚不存。無論是《喪服譜》，還是《喪服圖》，二書皆屬於喪服學之圖解體著作，誠如馬國翰所云：「以『譜』名，宜有圖格，今不可見。」〔註5〕前者馬國翰有輯佚之作，後者學界尚未見相關輯佚之書。

從馬國翰所輯《喪服譜》佚文來看，蔡謨此書的喪服研究主要有以下兩個明顯的特點：

其一，蔡謨的喪服研究不屬於對《儀禮‧喪服》篇經傳行文的直接詮釋，更多情況下是對當下社會禮俗規制的合理性與否評判，及其所應給予的取捨態度。例如，《通典》卷五十一有如是一則材料：「晉劉氏問蔡謨曰：『非小宗，及一家之嫡分張不在一處，得立廟不？』答曰：『禮，宗子在他國，而庶子在家，則祭。先儒說曰：『有子孫在，不可以乏先祖之祀也。』苟在他國，雖是宗子，猶不得立廟，況非嫡長乎！』」〔註6〕凡此之類，對於當時的喪服文化重構，具有很大的價值，因為這種禮俗規制的取捨評判，都建立在現實社會的客觀需求。

其二，蔡謨的喪服研究，誠如馬國翰所言，「佚說皆引經斷制，間有駁斥鄭義者，亦言之成理云」〔註7〕，表現出詮釋的獨到之處，而不是一味的傳承

〔註5〕〔清〕馬國翰：《蔡氏喪服譜序》，載《玉函山房輯佚書》（二），廣陵書社2004年版，第866頁。

〔註6〕〔晉〕蔡謨：《喪服譜》，載《玉函山房輯佚書》（二），廣陵書社2004年版，第866頁。

〔註7〕〔清〕馬國翰：《蔡氏喪服譜序》，載《玉函山房輯佚書》（二），廣陵書社2004年版，第866頁。

前賢之說不加取捨。例如，《通典》卷九十五「前母黨為親及服議」一則下，有一段蔡謨回答王濛之問的話語：「前母之黨應為親，不疑喪服，但問尊卑長幼拜敬之禮也。代多此事，而所不同。惠帝時，尚書令滿武秋是曹彥真前母之兄，而不為內外之親，相見如他人。吾昔以問江思悛，悛以為：『人不疑繼母之黨而疑前母者，以不相及也。繼祖母亦有不相及者，而皆與其黨為親，何至前母而獨疑之。』吾謂此言是。魏時長沙人王毖身在中國，遇吳魏隔絕，更娶妻生昌。昌父母亡後，吳平，聞毖前妻久亡，昌為前母追服。時人疑之，武皇帝詔使朝臣通議。安平獻王孚以為：『禮，與祖父母離隔未嘗相見者，不追。』如獻王此議，則前母之黨不應為親也。獻王所據是鄭氏之說，吾謂鄭義為失。時卞仁、劉叔龍議謂昌應服三年，吾以卞、劉議為允。」〔註8〕表示出對鄭玄禮制說解的異議。

再如，《通典》卷九十五「族父是姨弟為服議」一則下，有如是一段對答話語：「晉蔡謨答族父為姨弟。問者曰：『乙是甲族兄子也，二人之母則姊妹也。以外親言之，則是從母之子，應服緦麻。以同宗言之，則六代之親，知禮無服。今甲亡，乙應制服否？』謨按：『《禮記》云：「同姓從宗合族屬，異姓主名理際會。」先儒說曰：「異姓謂來嫁者也，正其母與婦之名也。」《記》又云：「其夫屬乎父道者，妻皆母道也。」今甲之父與乙於班為族祖，則其妻亦有祖母之名，不復得為從母也。凡親屬之名，妻從其夫，子從其母。不得為從母，則子亦不得為從母之子也。親名正，服亦隨之。謂乙應從同宗六代之制，不應服也。』難者曰：『《禮》所云「異姓主名理際會」，本是他人，唯以來嫁為親，故尊卑親疏從其所適。至於從母者，骨肉之親，小功之服也。今以所適無服之親，便從無服之制，是為以疏奪親也。適他人者猶為之服，來適同宗而便絕之，豈其理乎？』答曰：『禮，大夫之娶，皆有侄娣，而大夫之子於庶母無服。若論本親，則此庶母亦是從母也。今來為父妾，則廢從母之名，而從庶母之稱，絕小功之服，而從無服之制，此禮之成典也。推此而論，知適他人者，從其本親；來適同宗，則從其所適，不得系本：此所謂「異姓主名理際會」者也。』」〔註9〕這則材料當中所引蔡謨的議禮語，完全緊扣《禮記・大傳》的記載，結合「尊尊」、「親親」的制服原則進行服制推論。

〔註8〕〔晉〕蔡謨：《喪服譜》，載《玉函山房輯佚書》（二），廣陵書社2004年版，第867～868頁。

〔註9〕〔晉〕蔡謨：《喪服譜》，載《玉函山房輯佚書》（二），廣陵書社2004年版，第868頁。

由於《通典》所存佚文較少，難以準確考見蔡謨《喪服譜》、《喪服圖》二書的治學全貌，但就現存佚文來看，蔡謨的《喪服》詮釋大都強調從現實的客觀需求出發，不屬於單純的為解經而解經，具有強烈的經世致用功能；而且，他的《喪服》詮釋出入於先儒的各家詮釋見解，從「尊尊」、「親親」的制服原則視角客觀加以考量，結合此前的各類文獻論據，做出吻合自我價值取向的詮釋見解。

二、孔倫與《集注喪服經傳》

孔倫，字敬序，晉會稽（今屬浙江）人。生卒年不詳。係孔奕之子，孔子第二十五代孫。《晉書・孔倫傳》載其曾仕歷晉黃門侍郎。在東晉時官至盧陵太守，故唐陸德明《經典釋文序錄》明確記載說：「孔倫，字敬序，會稽人，東晉盧陵太守，集眾家注。」〔註10〕孔倫之子名孔嚴（？～370），嚴可均《全晉文》曾收錄其《諫鴻祀》和《與王彪之論蔡謨諡》二文。

另外，考《隋書・經籍志》、《新唐書・藝文志》著錄，孔倫著有《集注喪服經傳》1卷。據朱彝尊《經義考》記載，該書已佚，清人馬國翰乃從陸德明《經典釋文》、《通典》中輯得部分佚文，收入《玉函山房輯佚書》中，凡5條，止杜佑《通典》引四事，《釋文》引一事而已。又：據《新唐書・藝文志》、《曲阜縣志》及秦榮光《補晉志》記載，孔倫還著有《儀禮注》一卷，當屬誤記，應是指《集注喪服經傳》一書。誠如丁國鈞《補晉書藝文志》所言：「是書《舊唐志》省作《喪服注》，《新志》則誤作《儀禮注》，《通志・藝文略》於《儀禮注》、《喪服注》兩列之，復誤同上。」〔註11〕

關於《集注喪服經傳》的著述情況，根據馬氏所輯5條佚文來看，孔倫的喪服詮釋主要有如下三大特點：

其一，從是書之名「集注」可知，大概乃集眾家相關《儀禮・喪服》篇經傳注解而成，然後再加附孔氏按語，屬於一部集解體著作。例如，《通典》卷九十二「緦麻殤服三月」章「夫之姑姊妹之長殤」條下，先引馬融、陳銓的解釋，然後引錄孔氏按語：「蓋以為違禮早娶者制，非施畏厭溺也。」〔註12〕

〔註10〕〔唐〕陸德明：《經典釋文》卷一《序錄》，載《景印文淵閣四庫全書》（第182冊），第370頁。
〔註11〕〔清〕丁國鈞：《補晉書藝文志》卷一，《叢書集成初編》本，商務印書館1939年版。
〔註12〕〔唐〕杜佑：《通典》卷九十二《禮典》，中華書局1988年版，第2509頁。

其二，孔倫的《儀禮·喪服》篇經傳詮釋，一方面關注於經傳行文字詞的詮釋，例如，《喪服》：「斬衰裳，苴絰、杖、絞帶，冠繩纓，菅屨者。《傳》曰：『歠粥，朝一溢米，夕一溢米。』」鄭玄《注》：「二十兩曰溢，為米一升二十四分升之一。」孔倫則詮釋說：「滿手曰溢。」〔註13〕顯然，他的這種解釋往往有不同於馬融、鄭玄等前賢的理解；同時，孔倫也強調對於經傳喪服規制的發覆和詮釋，例如，《喪服》：「疏衰裳齊、牡麻絰、冠布纓、削杖、布帶、疏屨三年者。《傳》曰：『齊者何？緝也。牡麻者，枲麻也。牡麻絰，右本在上，冠者沽功也。』」關於何為「右本在上」，鄭玄《注》沒有解釋，馬融《注》云：「在上指右，故曰右本。」陳銓解釋說：「右本在上者，麻本從左來，加右之上也。」孔倫則做出了與二家不同的詮釋，認為：「右本在上者，為母本於陰而統外也。」〔註14〕後來，賈公彥便採納了孔氏的解釋：「云『牡麻絰右本在上』者，上章為父，左本在下者，陽統於內；則此為母，陰統於外，故右本在上也。」〔註15〕

其三，從所輯佚文看，孔倫往往注意著眼於從「尊尊」的視角來詮釋喪服制度，發覆喪服規制之禮意。例如，《喪服》「斬衰三年」章：「妻為夫。《傳》曰：『夫至尊也。』」關於為何《喪服傳》「至尊」之辭，鄭玄《注》沒有解釋，孔倫為此詮釋說：「以父服服之，故曰『至尊』。」又如，《喪服》「期」章：「女子子為祖父母。《傳》曰：『何以期也？不敢降其祖也。』」孔倫詮釋說：「婦人歸宗，故不敢降其祖。」〔註16〕按照賈公彥的說法，「此言『女子子』，謂十五許嫁者」〔註17〕，亦即許嫁（始行納采、問名、納吉、納徵四禮）而未嫁者，孔倫的解釋似乎與其說並不矛盾。

三、葛洪與《喪服變除》

葛洪（284～364），字稚川，自號抱朴子，晉丹陽郡句容（今江蘇句容

〔註13〕〔晉〕孔倫：《集注喪服經傳》，載《玉函山房輯佚書》（二），廣陵書社 2004年版，第 857 頁。

〔註14〕〔唐〕杜佑：《通典》卷八十七《禮典》，中華書局 1988 年版，第 2392 頁。

〔註15〕〔漢〕鄭玄注，〔唐〕賈公彥疏：《儀禮注疏》卷三十，載《十三經注疏》（上冊），中華書局 1980 年版，第 2387 頁。

〔註16〕〔晉〕孔倫：《集注喪服經傳》，載《玉函山房輯佚書》（二），廣陵書社 2004年版，第 857 頁。

〔註17〕〔漢〕鄭玄注，〔唐〕賈公彥疏：《儀禮注疏》卷三十一，載《十三經注疏》（上冊），中華書局 1980 年版，第 2400～2401 頁。

縣）人。三國方士葛玄之侄孫，世稱「小仙翁」。作為一名東晉時期著名的道教領袖，葛洪既是一位儒道合一的宗教理論家，又是一位從事煉丹和醫療活動的醫學家。他內擅丹道，外習醫術，研精道儒，學貫百家，思想淵深，主張神仙養生為內，儒術應世為外。葛洪著作弘富，著有《神仙傳》、《抱朴子》、《肘後備急方》、《西京雜記》等。在《抱朴子·內篇》中，他繼承並改造了早期道教的神仙理論，一方面，全面總結了晉以前的神仙理論，以及晉以前的神仙方術，包括守一、行氣、導引和房中術等；同時，他又將神仙方術與儒家的綱常名教相結合，強調「欲求仙者，要當以忠孝和順仁信為本。若德行不修，而但務方術，皆不得長生也」〔註 18〕，並把這種綱常名教與道教的戒律融為一體，要求信徒嚴格遵守，在當時產生了較大影響。

在喪服制度研究上，葛洪著有《喪服變除》1 卷，《隋書·經籍志》載之，《經義考》云佚，「陸德明《儀禮釋文》引一事，杜佑《通典》引二節而已」，故馬國翰輯佚僅存 3 條，並指出葛洪「其說廬楣制度甚詳，蓋洪以博淹擅名典午，引述古法必有依據也」〔註 19〕。葛洪既以「變除」命名其書，則此書當和戴德同名之作一樣，都是不以《儀禮·喪服》篇經傳之文的詮釋為著述要旨，而更多著眼於推詳服喪時由成服到釋服的過程和儀節方面內容。例如，杜佑《通典》卷八十七「五服成服及變除」條下，引葛洪詮釋之文：「子為父，三月既葬，草屨內納，廬則柱楣翦屏。屏者，廬前屏也，其廬所為之屏也，而更作外障以為之。作廬：先橫一木長梁著地，因立細木於上，以曲就東墉，以草被之。既葬，則翦去此草之拍地。以短柱柱起此橫樑之著地，謂之柱楣。楣一名梁。既舉此梁，乃得於廬外作障，但不用泥之。諸侯始作廬者，便有屏而未泥之，既葬乃泥之。既柱起梁，又立小障以辟風，凶事轉輕。」又說：「小祥，中衣，黃為裏，緅為領袖緣。緅者，紅之多黃者也。」〔註 20〕凡此之類，對於當時上層統治者重構儒家的服喪規制，維護社會禮制綱常等，具有極高的參考價值。

〔註 18〕〔晉〕葛洪著，王明校釋：《抱朴子內篇校釋》卷三，中華書局 1986 年版，第 53 頁。
〔註 19〕〔清〕馬國翰：《葛氏喪服變除序》，載《玉函山房輯佚書》（二），廣陵書社 2004 年版，第 879 頁。
〔註 20〕〔晉〕葛洪：《喪服變除》，載《玉函山房輯佚書》（二），廣陵書社 2004 年版，第 880 頁。

四、本期《喪服》詮釋特色概說

從上述諸家禮學著述的發覆情況可見，較之東漢時期和三國、西晉時期，東晉時期學者對《喪服》的詮釋研究，頗多表現出「同異紛呈」的治學狀況，主要表現在如下幾大方面：

首先，從諸家的詮釋範疇來看，對於《儀禮·喪服》篇經傳行文的直接詮釋，並非當時經學家關注的重點。例如，蔡謨《喪服譜》、《喪服圖》、葛洪《喪服變除》、劉逵《喪服要記》之類文獻的大量存在，則表明當時東晉社會「議禮」、「崇禮」之風氣相當普遍，如何合理化地履踐相關的喪服制度，深受社會各階層人士的關注和重視。而蔡謨、葛洪、劉逵只不過是順應當時時代風氣的產物，與西晉時期衛瓘、杜預、賀循、環濟等人的治學頗有相似之處，力圖將儒家的禮制教化融於重構官方乃至於民間的禮儀制度之中。此外，這一階段也出現了少數幾種詮釋《喪服》篇經傳的著作，不過，除了孔倫的《集注喪服經傳》之外，其餘幾部皆係劉昌宗、李軌、范宣三人的同名之作——《儀禮音》，由於諸書已亡佚，無法考見原貌，但從文獻名稱來看，詮釋工作當繫以語詞的釋音為主，很大程度上帶有文化普及的性質，深入喪服制度研究的成份較少。從歷代喪服詮釋史的考察情況來看，雖然源起於東漢學者鄭玄的《儀禮音》，但真正大規模從事《喪服》篇文字釋音為主的詮釋工作，似乎主要是這一時期的幾家同名之作。

其二，從著述者的學術背景來看，有學者出身於世家大族（如范宣、孔倫），有學者治學主要以魏晉玄學背景為主（如蔡謨），至於《喪服變除》一書的撰者葛洪，竟然是東晉時期一名著名的道教領袖。這充分說明，由於眾多學者關注於禮法制度的重塑，作為經學重要內容之一的《喪服》學研究，在東晉時期已經成為當時學術的一種主流思潮，更加回歸學術自身的理性狀態，並沒有因為玄學、佛學的興起而出現「中衰」局面，而且超脫了儒道的紛爭。

其三，從學術自身的學術傾向上看，三國西晉時期的「鄭學」與「王學」之爭基本上退出了禮學界《喪服》詮釋的視野。眾所周知，三國魏王肅治學「不好鄭氏」，鄭玄與王肅二人詮釋《喪服》制度所依據的儒家典籍文獻差異，往往導致二人對於禮經文本的解讀出現很大的歧見。例如，對《士虞禮》「中月而禫」一句，二人就出現了不同的理解。鄭玄注：「中，猶間也；禫，祭名也。與大祥間一月。自喪至此，凡二十七月。」鄭玄以二十七月為禫，其依

據是《禮記·雜記》「父在，為母為妻十三月大祥，十五月禫」，因為既然為母為妻祥、禫尚且異月，三年之喪的祥、禫也應當中間間隔一月。而王肅則根據《禮記·三年問》「三年之喪，二十五月而畢」，認為《士虞禮》「中月而禫」之「中」即中間的意思，而不是鄭玄理解的間隔之意；王肅還考察《春秋》文公二年冬「公子遂如齊納幣」，僖公之喪，至此二十六月，《左傳》稱「納幣，禮也」。喪期結束後「納幣」，《左傳》認為合禮，故以為二十五月禫除喪畢才是確詁，由此而引發了後世禮學家的爭議。對於鄭玄與王肅二人之間的詮釋分歧，西晉時期不同學者往往從自身立場出發，做出不同的取捨評判。而到了東晉時期，無論是對於《喪服》篇經傳文本的解讀，還是在當下社會民間喪服規制的「議禮」與「修禮」實踐環節，這一時期的學者都在一定程度上表現出對於鄭玄《喪服》學說的尊崇，對於喪服制度中「尊尊」詮釋原則的重視，而對於「親親」詮釋原則顯然更居於次要地位。關於這一點，從上述有關孔倫《集注喪服經傳》一書的喪服詮釋情況介紹當中，大體可以得到引證。

其四，在著述形式和體式的選擇上，仍然受此前學者的影響較大。無論是幾家《儀禮音》注音著作的出現，還是葛洪的《喪服變除》，或者是劉逵的《喪服要記》雜議體，蔡謨的《喪服譜》、《喪服圖》等圖解體著作，都能在前賢的《喪服》學著作中，找到其著述的同類詮釋體式，有很大程度上的相似性，逐步消解了三國時期喪服制度研究的地域性特點。例如，幾家《儀禮音》注音著作，實際上是對鄭玄《儀禮音》一書著述傳統的繼承和發展；葛洪的《喪服變除》，是對戴德同名之作《喪服變除》的延伸，推詳喪服制度之儀節，引申乎《喪服》經傳之義；至於蔡謨的《喪服譜》、《喪服圖》等圖解體著作，更是對三國時期學者譙周《喪服圖》、射慈《喪服變除圖》、《喪服天子諸侯圖》等著述的治學之道的拓展和延伸。

綜上所述，東晉時期的《喪服》制度及其《喪服》文本詮釋，從蔡謨、孔倫、葛洪等人的詮釋著述釋讀情況來看，在《喪服》詮釋涉略面、詮釋理路、詮釋體式及其王鄭學術的紛爭等方面，呈現出「同異紛呈」的治學狀況，大體是建立在兩漢三國乃至西晉經學學術發展的基礎上，進一步深化和拓展的結果。

論清華簡《說命》
不是原始古本《尚書·說命》

龐光華

提　要：清華簡《說命》發現以後，學術界部分學者認為這是出土的先秦真本的《說命》，可以完全證明今本《說命》是偽書。也有學者提出不同意見，認為簡本《說命》不是原始真本的《說命》。本文列舉十三條證據，論證清華簡本《說命》不可能是原始真本的《說命》。同時指出簡本《說命》在語言上也有其古老性的一面。

關鍵詞：《說命》；清華簡；《楚語》；傅說

作者簡介：龐光華，北京大學漢語史博士，現為五邑大學文學院教授。主要研究漢語史。

自從清華簡發現了戰國時代楚簡本的《尚書·說命》，學者們發現楚簡本的《說命》與今本《說命》差別很大。於是一部分古文字學者為之歡呼，認為發現了先秦真本，並認為今本《說命》是徹頭徹尾的偽書。例如李學勤先生《新整理清華簡六種概述》〔註1〕三《〈說命〉三篇》稱：「清華簡《說命》的出現，和在《清華大學藏戰國竹簡》第一輯中刊出的《尹誥》即《咸有一德》一樣，確證了傳世孔傳本為偽書。」李學勤先生此文將清華簡本《說命》與《國語·楚語》和《禮記》所引的《說命》略加比較，認為二者有相通之處，可以互相映證。但李先生同時也注意到：「不過，《禮記·緇衣》引用的另一段《說命》佚文，以及同書《文王世子》、《學記》引用的幾條《說

〔註1〕收入李學勤《初識清華簡》，中西書局，2013年版。參看177～180頁。

命》語句，則不見於簡文，這大概是傳本不同的緣故。」李學勤先生將如此如大的反證輕輕帶過，僅僅說是「傳本不同的緣故」，這就掩蓋了問題的實質。其實，這些不同正好說明清華簡本《說命》〔註2〕不是原始真本的《尚書·說命》。楊善群先生《清華簡〈說命〉考論》〔註3〕明確反對清華簡《說命》是原始古本《說命》的觀點，列舉四個方面的證據予以考辨：1、神怪故事非《尚書》所宜有；2、傅說言論庸俗而無所作為；3、王的命語冗長而不切實際；4、他籍引文多數杳無蹤影。楊善群先生的論證相當細緻，我們基本贊同。我們經過研究也認為清華簡《說命》不會是原始正宗的《說命》，本文的論證對楊先生的文章有較大補充。本文承蒙畏友蕭旭先生提出寶貴意見，特致感謝。

一、清華簡本《說命》不是原始真本《說命》

我們明確認為清華簡本《說命》不是原始古本的《尚書·說命》，今列舉十三條理由，詳細論證如下：

第一、《國語·楚語上》白公的一段話一向被認為是引述了古本《尚書·說命》：「昔殷武丁能聳其德，至於神明，以入於河，自河徂亳，於是乎三年，默以思道。卿士患之，曰：『王言以出令也，若不言，是無所稟令也。』武丁於是作書，曰：「以余正四方，余恐德之不類，茲故不言。『如是而又使以象夢旁求四方之賢，得傅說以來，升以為公，而使朝夕規諫，曰：『若金，用女作礪。若津水，用女作舟。若天旱，用女作霖雨。啟乃心，沃朕心。若藥不瞑眩，厥疾不瘳。若跣不視地，厥足用傷。』若武丁之神明也，其聖之睿廣也，其智之不疚也，猶自謂未乂，故三年默以思道。既得道，猶不敢專制，使以象旁求聖人。既得以為輔，又恐其荒失遺忘，故使朝夕規誨箴諫，曰：『必交修余，無餘棄也』。」這段話主要是引述了古本《說命》，這是古今學者所公認的。但我們將這一段文獻與清華簡本《說命》相比對，發現二者差別很大，二者只有很少幾處能夠對應。例如，清華簡《說命》稱：「啟乃心，日沃朕心。若藥，女（如）弗瞑眩，越疾罔瘳；朕畜女（汝），惟乃腹，非乃身。若天旱，女（如）作淫雨。若津水，女（汝）作舟。」即使這一可以對應的小段與《楚語上》相比較，也有些出入：1、《楚語》作「霖雨」，簡本作「淫

〔註2〕見《清華大學藏戰國竹簡》（三）。李學勤主編，中西書局，2012年12月。
〔註3〕見《淮陰師範學院學報》2014年1期。

雨」；不過，二者是同義詞〔註4〕。2、簡本作「日沃朕心」。《楚語》無「日」。3、《楚語》：「厥疾不瘳」。簡本「厥」作「越」（以通行字引述）。4、簡本：「朕畜女（汝），惟乃腹，非乃身。」《楚語》和今本《說命》皆無此語。5、依據《楚語》的行文規律，其中的「必交修余，無餘棄也」也是引述《說命》。而此語不見於簡本。再將二者的其他部分加以比對，都完全不能對應。因此，今本《楚語》的這段文獻不會是依據清華簡本《說命》撰寫的，而是依據其他版本的《尚書‧說命》。依我們的考證，就是根據今本《說命》改寫而成的〔註5〕。也就是說清華簡本的《說命》不可能是原始真本的《說命》。

第二、戰國文獻明確引述了《說命》的話，不見於清華簡本《說命》。這也可以證明清華簡本《說命》不可能是原始真本的《說命》。例如：《禮記‧緇衣》引《兌命》曰：「爵無及惡德。民立而正，事純而祭祀，是為不敬。事

〔註4〕今本《說命》與《楚語》一致，都作「霖雨」，而清華簡本作「淫雨」。在古文獻中，「淫雨」一詞最早出現於《左傳‧莊公二十一年》：「秋，宋大水。公使弔焉，曰：『天作淫雨，害於粢盛，若之何不弔？』對曰：『孤實不敬，天降之災，又以為君憂，拜命之辱』。「淫雨」一詞雖然出現於春秋時代的文獻，但明顯是貶義，是「天降之災」。《管子‧問》：「守備之伍，器物不失其具，淫雨而各有處藏。」「淫雨」明顯是貶義詞。《淮南子‧天文》：「殺不辜，則國赤地；令不收，則多淫雨。」高注：「干時之令不收，則久雨為災。」也是以「淫雨」為災。也許春秋戰國時代的儒家學者忌諱其崇奉的最高經典用「淫」字於賢臣傅說，於是改「淫雨」為霖雨。這樣的改動在戰國之前已經完成。其實，在上古漢語中，「淫雨」和「霖雨」是一個意思，「霖雨」也用於水災。考《爾雅‧釋天》：「淫謂之霖。」《左傳‧隱公九年》：「凡雨，自三日以往為霖。」《釋文》引《爾雅》：「淫雨謂之霖。」《禮記‧月令》（季春之月）：「淫雨蚤降。」注：「淫，霖也。」（有的學者將「淫霖也」連讀，不確）《晏子春秋》卷一《景公飲酒不恤天災致能歌者晏子諫第五》：「景公之時，霖雨十有七日。」可見「霖雨」也是久雨，與「淫雨」同義。《吳子》（李碩之、王式金《吳子淺說》，解放軍出版社，1986年。89頁）卷下《論將》：「居軍下濕，水無所通，霖雨數至，可灌而沈。」《說苑》卷十五《指武》：「齊桓公之時，霖雨十旬。」《孔子家語》卷三《辯政第十四》：「將有大水為災，頃之大霖雨，水溢泛諸國，傷害人民。」霖、淫都是侵部字，聲母則來母、喻母相轉，二者古音相通。淫之言甚也，「霖雨」或「淫雨」都是「甚雨」的意思，指超過三天的久雨。《六韜‧龍韜‧奇兵》：「大風甚雨者，所以搏前擒後也。」《銀雀山漢墓竹簡（一）》有《六韜》殘文「雨口口疾」，整理者注：「《御覽》卷13、卷329及《天問》洪興祖補注引此句，皆作『雨甚雷疾』。簡本『雨』下一字殘泐，似亦『甚』字。」（第122頁。）《禮記‧玉藻》：「若有疾風迅雷甚雨，則必變。」如果是正常天時，「淫雨（霖雨）」則為災；如遇到久旱，則「淫雨（霖雨）」也許就不是災。

〔註5〕參看龐光華《今本〈尚書‧說命〉非偽書新證》，待刊。

煩則亂，事神則難。」〔註 6〕戰國時代的《緇衣》自稱是引述《說命》，這絕無可疑，但這段話完全不見於清華簡《說命》。因此，簡本《說命》絕不是原始真本的《說命》。

第三、類例如《禮記·學記》引《兌命》作：「『敬遜，務時敏，厥修乃來。』其此之謂乎？」〔註 7〕鄭玄注：「敬遜，敬道遜業也。敏，疾也。」戰國文獻《學記》所引的《說命》不見於清華簡本《說命》。因此，簡本《說命》絕不是原始真本的《說命》。

第四、類例如《禮記·學記》引《兌命》作：「學學半」。《禮記·學記》和《文王世子》又引《兌命》作：「念終始典於學。」這兩句話都不見於清華簡本《說命》。因此，簡本《說命》絕不是原始真本的《說命》。

第五、今本《說命》：「無啟寵納侮，無恥過作非。惟厥攸居，政事惟醇。」考《左傳·定公元年》（公元前 509 年）：「士伯怒，謂韓簡子曰：『薛徵於人，宋徵於鬼，宋罪大矣。且己無辭，而抑我以神，誣我也。啟寵納侮，其此之謂矣。必以仲幾為戮。』」其中的「啟寵納侮」明顯是出典於今本《說命》。《左傳》接著說的「其此之謂矣」〔註 8〕，表明前面的「啟寵納侮」不是《左傳》自身的語言，而是引述從前的經典，這是《左傳》的慣例。後世作者顯然不可能依據《左傳》這四個字從而偽造出《說命》那一大段文氣貫穿的文章。只可能是《左傳》引述了今本《說命》，沒有其他可能的解釋。而且《左傳》本身沒有如《禮記》的《緇衣》、《學記》一樣標明是引述《說命》，後世人怎麼可能就將《左傳》的這四個字恰好安放到《古文尚書》的《說命》中，而不是安放到《古文尚書》的其他篇中去？且「啟寵納侮」一語只見於今本《說命》和《左傳》，不見於先秦兩漢的其他任何文獻。因此，《左傳》此語不可能有其他來源，只能是來源於今本《說命》。今本《說命》肯定在《左傳》之前早已成立，並為春秋時代的人們所熟悉。而清華簡本《說命》沒有「啟寵納侮」這句名言。因此，簡本《說命》絕

〔註 6〕關於這一段話的考證和校勘，參看龐光華《今本〈尚書·說命〉非偽書新證》待刊。

〔註 7〕依據鄭玄注作此斷句，一般學者斷句為「敬遜務時敏」，將此連讀，不符合鄭玄注。

〔註 8〕楊伯峻《春秋左傳注》（修訂本）1524 頁沒有指出「啟寵納侮」出典於《說命》，中華書局，1990 年版。吳靜安《春秋左氏傳舊注疏證續》四 1694 頁也沒有引證《說命》，華東師範大學出版社，2005 年。

不是原始真本的《說命》。

第六、整部《尚書》，無論今古文，第一人稱代詞都是用「予」，而不用「余」。戰國時代的文獻在引述《尚書》時往往改「予」為「余」。如《國語‧楚語上》白公引《說命》的話都作「余」。張玉金《西周金文語法研究》〔註9〕第二章《西周漢語實詞》第六節《西周漢語代詞》一《人稱代詞》稱：「一般說來，在出土文獻中寫成『余』，而在傳世文獻中寫成『予』。如西周金文中只用『余』而不用『予』；而在《詩經》、《尚書》中只用『予』；在《逸周書》中一般用『予』，偶而用『余』；在《周易》中沒有見到『予』『余』。」清華簡本《說命》都是作「余」，與《尚書》、《詩經》的用字不合，顯然不是原本《尚書‧說命》，只能是戰國時代在楚國的一個改編抄本。

第七、今本《說命》：「若金，用汝作礪；若濟巨川，用汝作舟楫；若歲大旱，用汝作霖雨。啟乃心，沃朕心。若藥弗瞑眩，厥疾弗瘳；若跣弗視地，厥足用傷。惟暨乃僚，罔不同心，以匡乃辟。俾率先王，迪我高后，以康兆民。嗚呼！欽予時命，其惟有終。」《楚語》作：「若金，用女作礪。若津水，用女作舟。若天旱，用女作霖雨。啟乃心，沃朕心。若藥不瞑眩，厥疾不瘳。若跣不視地，厥足用傷。」今本《說命》作「歲旱」，《楚語》作「天旱」，清華簡本也是作「天旱」。顯然今本作「歲旱」的時代性更早。考《詩經‧召旻》：「如彼歲旱。」而《召旻》依據毛傳小序是「凡伯刺幽王大壞也」。則《召旻》是西周晚期詩，是用「歲旱」〔註10〕，而不是「天旱」。而清華簡本的「天旱」除了見於戰國初期成書的《楚語》外，還見於《荀子》、《淮南子》等戰國末期和西漢前期的文獻〔註11〕，其時代性顯然晚於「歲旱」一詞。《說命》的「歲旱」與西周晚期的《召旻》相合。因此，今本《說命》的產生絕對遠遠在清華簡本之前，清華簡《說命》和《楚語》都是將西周以前（含西周）的語言「歲旱」訓改成了當時的通用語「天旱」。

第八、清華簡本《說命》的文體與《尚書》的「命」體文不合。如簡本《說命》有描述伊尹的動作和體態相貌：「厥卑（俾）繃弓，紳（引）關辟矢。

〔註 9〕 商務印書館，2004 年。83～84 頁。
〔註10〕 《韓詩外傳》卷五引此詩也作「歲旱」。
〔註11〕 由於「天旱」一詞在上古文獻中出現於《楚語》、《荀子》、《淮南子》，這些都是楚系文獻（《荀子》一書頗有楚文化的因素，大概因為荀子居楚為蘭陵令，《荀子》一書在楚地傳抄並流傳開來），所以我懷疑「天旱」一詞有可能是春秋以來的楚地方言詞。尚待深考。

說方築城，滕降庸力，厥說之狀，腕肩女（如）惟（椎）。」〔註12〕這些描寫簡直是小說，怎麼可能成為《尚書》中的一部分？《尚書》各篇中講述聖賢的很多，都沒有這樣無關緊要的小說似的描寫。因此，清華簡本《說命》在文體上不可能是原始真本的《尚書》中的一篇。

第九、清華簡本《說命》開頭說：「隹（惟）殷王賜說於天。」整理者注：「句云武丁受天之賜，與《書・禹貢》『禹賜玄圭』同例。」這裡面有破綻。甲骨文研究已經表明，商朝人不崇拜「天」，而是崇拜「帝」。郭沫若《先秦天道觀之進展》〔註13〕研究得很清晰：「在這兒卻有一個值得注意的現象，便是卜辭稱至上神為帝，為上帝，但決不稱之為天。天字本來是有的，如像大戊稱為『天戊』，大邑商稱為『天邑商』，都是把天當為了大字的同意語。……卜辭既不稱至上神為天，那麼至上神稱天的辦法一定是後起的。至少當得在武丁以後。我們可以拿這來做一個標準，凡是殷代的舊有的典籍如果有對至上神稱天的地方，都是不能信任的東西。」甲骨文中有很多關於「帝、上帝」的崇拜，在甲骨文中也確實沒有「天命」一詞，而有「帝令、帝其令、帝不令」。胡厚宣《殷代之天神崇拜》〔註14〕、陳夢家《殷虛卜辭綜述》〔註15〕第十七章《宗教》、常玉芝《商代宗教祭祀》〔註16〕第二章《上帝及帝廷諸神的崇拜》、具隆會《甲骨文與殷商時代神靈崇拜研究》〔註17〕第三章《甲骨文所見的祭祀》、王宇信、楊升南主編《甲骨學一百年》〔註18〕第十三章《商代宗教祭祀及其規律的認識》第一節一《對至上神上帝的崇拜》敘述卜辭關於上帝的權威及其崇拜甚為詳明。因此，從簡本《說命》的第一句話所表現出的對「天」的崇拜就知道簡本《說命》不是商代文獻的真本《說命》。而今本《說命》稱：「夢帝賚予良弼。」用「帝」字，正與甲骨文相合。而清華簡用「天」

〔註12〕其中「腕」的釋讀，學術界有不同意見。參看虞萬里《清華簡〈說命〉「鶻肩女惟」疏解》（見《文史哲》2015年第1期，第128～136頁）。虞萬里此文還提到胡敕瑞教授在網上發表的文章，可以參看。因與本文沒有直接關聯，所以不加引述和討論。

〔註13〕見郭沫若《青銅時代》，收入《郭沫若全集歷史編》1，人民出版社，1982年。321頁。

〔註14〕收入胡厚宣《甲骨學商史論叢初集》上，河北教育出版社，2002年。

〔註15〕中華書局，1992年版。

〔註16〕中國社會科學出版社，2010年。

〔註17〕中國社會科學出版社，2013年。

〔註18〕社會科學文獻出版社，1999年。

字，顯然是周代以來的用字慣例。更考《太平御覽》〔註19〕卷83引《帝王世紀》〔註20〕：武丁「夢天賜賢人，姓傅名說。」用「天」字，與清華簡合，不合於今本《說命》。但《帝王世紀》是西晉學者皇甫謐所撰，所依據的原始文獻都是春秋戰國以後的資料，故用字與戰國時代的清華簡相合，而與商代文獻的《說命》不合。

第十、今本《說命》：「惟口起羞，惟甲冑起戎，惟衣裳在笥，惟干戈省厥躬。」《禮記‧緇衣》引《兌命》作：「惟口起羞，惟甲冑起兵，惟衣裳在笥，惟干戈省厥躬。」《群書治要》卷二引《說命》與今本同。清華簡本《說命》與此對應的語句是：「且惟口起戎出好，惟干戈作疾，惟衣載病，惟干戈生（眚）厥身。」李學勤先生《新整理清華簡六種概述》〔註21〕三《〈說命〉三篇》稱：「《墨子‧尚同中》『是以先王之書《術令》之道曰：唯口出好興戎。』孫詒讓《墨子閒詁》已指出《術令》就是《說命》。簡文此處與《墨子》所引更為接近。『好』應讀為『羞』，均為幽部字，而且『好』字可以寫作從『丑』的『𡥀』，見《說文》，或『𡥀』，見《古文四聲韻》，『羞』正是從『丑』聲的字。」李學勤先生這裡講的通假字問題從音韻上看是沒有問題的。我再補充一點：在上古音，「好」是曉母，「羞」是心母，二者都是清擦音，完全相通〔註22〕。但是根據《墨子》本身的語境，則「好」只能是友好之義，不與「羞」通。考《墨子‧尚同中》在引述《術令》後接著說：「則此言善用口者出好，不善用口者以為讒賊寇戎。」分明以「好」為「友好」〔註23〕。如果讀「好」為「羞」，以牽合《禮記》所引《說命》，在《墨子》就不通了。但更嚴重的問題是孫詒讓在《墨子閒詁》〔註24〕中雖然認為《術令》通假為《說命》，並以為是發千古之覆。而同時也提到前人的觀點：《術令》此言乃是出自《尚書》的《大禹謨》。孫詒讓站在不相信偽古文的立場反駁道：「晉人作偽古文《書》不悟，乃以竄入《大禹謨》，疏謬殊甚。」孫詒讓如此輕率地認為《術令》此

〔註19〕 中華書局影印本，1992 年版。392 頁。

〔註20〕 亦見《帝王世紀》卷四 26 頁，新世紀萬有文庫本，遼寧教育出版社，1997年。馬驌《繹史》卷十七《武丁中興》引《帝王世紀》。劉曉東等點校《繹史》，齊魯書社，2003 年 187 頁。

〔註21〕 收入李學勤《初識清華簡》，中西書局，2013 年版。參看 178 頁。

〔註22〕 詳細的考證參看龐光華《上古音及相關問題綜合研究》第三章第三節，暨南大學出版社，2015 年版。

〔註23〕 《尚書‧大禹謨》孔傳釋「好」為「賞善」。

〔註24〕 中華書局點校本，孫以楷點校，1986 年版。77 頁。

語本是《說命》語，是晉人才竄入《大禹謨》，這實在缺乏根據和論證。此語分明出自《大禹謨》：「惟口出好興戎，朕言不再。」帝舜說「惟口出好興戎」，我（帝舜）剛才講了那麼多了，所以我不再說了。原文十分通暢，銜接緊密，怎麼會是晉人竄入的？在戰國時代，《墨子》引述《大禹謨》此言，讀「好」為如字，而儒家學者所見到的商代文獻的《說命》是讀為「羞」了。楚簡本《說命》的「好」，依據上下文語境，也應該讀為「羞」〔註25〕。因為簡本所說的這幾句的核心意思都是負面的：口起戎，干戈作疾，衣載病，干戈生（眚）厥身。不會偏偏出現一個正能量的「口出好（如字）」，否則整個文脈的語氣就不協調了。

清華簡本《說命》整理者（注26）：「此句干戈，疑當為甲冑。」（注27）據《小爾雅》訓「載」為「成」；同時稱「《緇衣》所『在笥』當為『載病』的訛誤。」（注28）據《國語·楚語下》注稱「眚，猶災也」。這是要調和《緇衣》所引《說命》與簡本的歧異。但說「此句干戈，疑當為甲冑」和「《緇衣》所『在笥』當為『載病』的訛誤」都還沒有充分的證據，現在不可做結論。《緇衣》所引《說命》與簡本確實有較大區別。如：1、簡本「起戎出好」為一句，與《緇衣》所引不同。2、簡本作「干戈作疾」，與《緇衣》所引不同。3、簡本作「干戈」，《緇衣》所引作「甲冑」。4、簡本作「載病」，《緇衣》所引作「在笥」。5、按照整理者所注，簡本「惟衣載病」難以理解。

無論如何，《緇衣》所引《說命》與簡本《說命》在此處差別較大，應是在戰國時代傳入楚地的《說命》與北方流行的《說命》已經有相當的差異，《緇衣》依據的《說命》不是簡本《說命》，因此簡本《說命》不會是原始正宗的《說命》。

第十一、簡本《說命》：「王用命說為公。」這個「命」字不符合商代君王崇賢的王室傳統。商代西周起用三公等重臣是用「立」或「建」字，不是用「命、舉、升」等字。這種語境的「立」字遠比「命、舉、升」要古老，「立」主要用於君王即位或冊立宰相三公。考《尚書·周官》：周成王「立太師、太傅、太保，茲惟三公。」可見任命三公要用「立」字，不用「命、舉、升」字。《尚書·立政》：「立民長伯。」為民之「長伯」的人要用「立」字，而三公宰相正是「民長伯」。因此，立三公、立為相，這是比「命為公、舉為三公、舉為相」更古老的說法。將「立」改為「命、舉、升」是訓改為淺明的通語

〔註25〕從此可知，先秦墨家學派閱讀遠古經典的能力不如儒家學者。

詞，已經不明了《尚書》用詞的文化心態：用「立」字含有對丞相或三公極大的尊重。《尚書‧微子之命》周成王立微子代殷商之後，奉祀殷代祖先：「庸建爾於上公，尹茲東夏。」「建」訓「立」。可見周初繼承商代尚賢的傳統，任命「上公」，用「建」字，不用「命、舉、升」。類例如《尚書‧洪範》：「擇建立卜筮人。」「建」與「立」同義。《尚書‧益稷》：「州十有二師，外薄四海，咸建五長，各迪有功。」稱「建」（訓「立」）五方的長官。《尚書‧康王之誥》：「皇天用訓厥道，付畀四方。乃命建侯樹屏。」稱「建」諸侯。《尚書‧武成》：「建官惟賢。」《尚書‧周官》：「唐虞稽古，建官惟百。」稱「建官」，分明含有對各官員的敬重。「建」都訓「立」。更考《周禮‧天官‧冢宰》：「設官分職，以為民極，乃立天官冢宰，使帥其屬，而掌邦治，以佐王均邦國。治官之屬。」《周禮‧地官‧司徒》：「乃立地官司徒，使帥其屬而掌邦教，以佐王安擾邦國。教官之屬。」《周禮‧春官‧宗伯》：「乃立春官宗伯，使帥其屬而掌邦禮，以佐王和邦國。禮官之屬。」《周禮‧夏官‧司馬》：「乃立夏官司馬，使帥其屬而掌邦政，以佐王平邦國。政官之屬。」《周禮‧秋官‧司寇》：「乃立秋官司寇，使帥其屬而掌邦禁，以佐王刑邦國。刑官之屬。」《周禮》用「立」字與《尚書》吻合。因此，即使《周禮》產生於戰國，而其思想文化觀念則是承襲了西周以來的傳統而集大成。《左傳》中這樣的「立」基本上都是「立君王」，足見「立」字很尊貴。更考《左傳‧襄公三年》：「祁奚請老，晉侯問嗣焉。稱解狐，其仇也，將立之而卒。又問焉，對曰：『午也可』。於是羊舌職死矣，晉侯曰：『孰可以代之？』對曰：『赤也可』。於是使祁午為中軍尉，羊舌赤佐之。君子謂『祁奚於是能舉善矣。稱其仇，不為諂。立其子，不為比』。」其中是「將立之、立其子」，用「立」字，是保持了商代以來古老的用法。而「命、舉、升」則更顯示君王的權威和恩澤，這完全不符合商代君王敬禮賢能的文化傳統〔註26〕。考今本《說命》：「爰立作相。」《國語‧

<hr>

〔註26〕如商湯敬禮伊尹、仲虺，中宗敬禮伊陟、巫咸，高宗敬禮傅說。考《史記‧殷本紀》：「帝沃丁之時，伊尹卒。」《正義》引《帝王世紀》稱：「沃丁以天子禮葬之。」《史記‧殷本紀》：「帝太戊贊伊陟於廟，言弗臣。」即殷王中宗將伊陟與先王同樣對待，不敢將伊陟當作臣工。《尚書‧說命下》高宗對傅說曰：「股肱惟人，良臣惟聖。」殷王武丁將良臣當作聖人來敬仰，絲毫不怠慢。《史記‧魯周公世家》稱周公死後：「葬周公畢，從文王，以明予小子不敢臣周公也。」即周成王也不敢以周公為臣，使周公在周文王的太廟中享受與周王同等的祭祀。《禮記‧緇衣》：「故大臣不可不敬也，是民之表也。」在甲骨文的祭祀中，伊尹、巫咸都享受與商王同等規格的祭祀，地位尊顯。對相關

楚語》作:「升以為公。」韋昭注:「公,上公。」《墨子‧尚賢中》:「武丁得之,舉以為三公。」〔註27〕《墨子》「舉以為三公」與《楚語》「升以為公」相當接近,都是訓改今本《說命》「爰立作相」。因此,今本《說命》「爰立作相」比《楚語》「升以為公」、《墨子》「舉以為三公」、清華簡本《說命》「命說為公」在語言上更加古老,更符合《尚書》的傳統和精神,與商西周的文化傳統相吻合。而《楚語》、《墨子》、簡本《說命》的用詞不符合《尚書》的精神,是君王的權威絕對強大後才有的居高臨下的表現形式。當然,《說命》「爰立作相」的「相」本作「公」,是春秋戰國時代從「公」改為「相」。商代的輔政大臣稱「公」,不稱「相」。一般以為商代和西周的三公是太師、太傅、太保(如周武王時代,姜子牙為太師〔註28〕,周公為太傅,召公為太保)。今考甲骨文,可知在商代的語言中,「相」無相邦、宰相之義,而「公」卻有「王公」的意思〔註29〕。《楚語》、《墨子》作「公」與甲骨文相合,當為古本。而今本《說命》作「相」可能是《說命》在傳抄過程中,在春秋時從「公」訓改而來。據呂宗力主編《中國歷代官制大辭典》〔註30〕「相」條,依據《左傳‧襄公二十五年》,推定「相」為宰相發端於齊景公初年,崔杼為右相,慶封為左相。徐連達《中國歷代官制大詞典》〔註31〕「相」條與呂宗力書觀點相同,引述了顧炎武《日知錄‧相》條。更考《左傳‧定公元年》:「仲虺居薛,以為湯左相。」仲虺為成湯的左相,這是依據春秋時代的官制比定而來,

---

甲骨文資料的梳理參看陳夢家《殷虛卜辭綜述》(中華書局,1992 年版) 第十章《先公舊臣》第五節《舊臣》361～366 頁;常玉芝《商代宗教祭祀》(中國社會科學出版社,2010 年) 第六章《對異族神的祭祀》399～419 頁。後來的周文王敬禮姜太公,尊為「尚父」,其實只是沿襲了殷商的傳統,並非周文王作始。

〔註27〕考《史記‧殷本紀》載《湯誥》:「三公咸有功於民。」同篇又:紂王「以西伯昌、九侯、鄂侯為三公。」《公羊傳‧隱公五年》:「天子三公者何?天子之相也。」以三公為相在戰國時代已經很流行。

〔註28〕太師即軍隊最高長官。

〔註29〕此為甲骨文定論,無需廣泛徵引。看徐中舒主編《甲骨文字典》(四川辭書出版社,2006 年版) 71 頁「公」字條,364～365 頁「相」字條。甲骨文有「多公、三公」之言。詳細的討論參看于省吾主編《甲骨文字詁林》(中華書局,1996 年版) 第四冊 3357～3359 頁所引各家之說。姚孝遂加按語反對陳夢家《殷虛卜辭綜述》以「三公」為先王之說,稱:「卜辭無稱先王為公者。」姚孝遂之說當為可信。

〔註30〕修訂本,商務印書館,2015 年版。627 頁。

〔註31〕廣東教育出版社,2002 年。778 頁。

並非商代就有輔政大臣的「相」。《孟子‧萬章下》:「伊尹相湯。」《史記‧殷本紀》:「帝太戊立伊陟為相。」《史記‧殷本紀》稱武丁得傅說:「果聖人,舉以為相。」這都是戰國以降的用詞。

第十二、簡本《說命》基本上都是武丁在講話,幾乎沒有傅說的名言,顯示不出作為一代賢相傅說的才智。雖然只記錄商王之言,這在文體上並沒有什麼不妥。但古本《說命》應該有傅說如何教誨商王的記錄,而簡本沒有提到傅說一句睿智的格言。因此,簡本《說命》應該不是原始正宗的《說命》。在《周書》的各篇《命》中往往只是「王」在訓話,並沒有大臣的言論,而《說命》有很多傅說的語言,二者似乎在文體上頗不一致。這其實很正常,因為《說命》是商代的文獻,而《周書》的各篇《命》是周代的文獻,二者在文體上有不同,是很正常的。

第十三、今本《說命》作「厥疾弗瘳」,《楚語上》作「厥疾不瘳」、《孟子‧滕文公》作:「厥疾不瘳」。此三本都作「厥」,彼此吻合,必是原始古本用字。而清華簡本作:「越疾罔瘳」。整理者注曰:「越,句首助詞。」則清華簡本作「越」與各本不合。考「越」的上古音是喻三月部,喻三在上古音歸入匣母,與群母關係密切;「厥」的上古音是見母月部。因此,二者上古音音近可通。「厥」與「越」雖然可以解釋為通假字,但這種通假的用例在古文字和古籍中是十分罕見的。也就是說「越」用作指示代詞「厥」的現象是十分罕見的,甚至根本沒有。因此,清華簡本的「越」應該是在楚地的某處特殊方言區產生的,不可能是原始《尚書‧說命》的用字。如果按照整理者的意見處理為「句首助詞」,則是訓為「於」或「於」,也與各本也不合,也不可能是原本《說命》的用字。

根據以上十三條證據,我們有理由相信清華簡本《說命》不是原始古本的《說命》,只是戰國時代在楚國流傳的一個抄本,可以稱為戰國時代的楚系抄本,這個抄本同時是一個改編本。清華簡本《說命》除了可與《楚語》和《緇衣》所引的相關部分有對應關係外,絕大部分內容沒有流傳下來,沒有在先秦兩漢魏晉六朝的文獻中被引述,可見簡本《說命》在楚地流傳不廣,尤其是沒有進入北方儒家文化圈。也許在戰國末年秦滅楚的戰爭中或秦末農民戰爭中失傳,當然最大的可能還是秦始皇下焚書令,民間不敢收藏,只好埋入地下。由於這是一個楚地的改寫本,其中的大部分內容並非北方的儒家學者所熟悉,所以漢代建立後,齊魯一代的儒家學者沒有一個能背誦出來。

彭裕商教授對清華簡本《金縢》的研究得出的結論與本文相類似。彭裕商《〈尚書‧金縢〉新研》〔註32〕經研究後認為:「清華簡本《金縢》應是戰國中晚期人改寫過的本子,而非出自《尚書》原典。」又曰:「綜合這些情況,可知傳世本《金縢》應是出自可信度較高的原典。……清華簡《金縢》用楚文字抄寫,應為楚地的抄本,其文本經過後人改寫,流傳範圍不廣,不為後世所傳承,也未見有其他典籍稱述或引用,這些都不能與傳世本相比,其可信度不如傳世本也是合乎情理的。由以上討論可見,清華簡本《金縢》的紀年及所記內容與相關史實不合。記事體例又不符合古人的原則,馮時認為清華簡《金縢》非《尚書》原典,是合乎實情的。而傳世本《金縢》源自先秦時期,列於學官,流傳範圍廣,為後世所傳承,其記事體例合於古人的原則,紀年也與相關載籍及古文字材料相合,應該是可靠的本子,不應輕易否定。」我們認為彭裕商教授的這些實事求是的研究應該予以肯定,他對清華簡《金縢》的研究與本文對清華簡《說命》的研究比較類似:通過實事求是的研究,都肯定傳世本的價值,不迷信出土文獻。

二、清華簡本《說命》的語言也有其古老性

清華簡本《說命》雖然不可能是原始正宗的《說命》,但也有其古老性的痕跡,說不定保存了原始《說命》的某些片段而不見於今本《說命》。考論如下:

第一、簡本《說命》「隹(惟)殷王賜說於天」,這句話的「天」字雖然靠不住,非商代所有。但在語法上很獨特。其中的「賜」只能是表示被動。但「賜」本身表示被動的現象是極為罕見的。整理者舉了《尚書‧禹貢》「禹錫玄圭」為左證。這兩個「賜」確實是被動。簡本《說命》的獨特語法與《禹貢》相合,看來也有其古老性的一面,戰國時代的人造不出這樣的語法。

第二、簡本:「朕畜女(汝),隹(惟)乃腹,非乃身。」此文不見於傳世文獻。其中的「畜」字是後世王權至高無上時,君王對臣下居高臨下的語言,似乎與商朝崇尚賢能的文化傳統不合。商朝的幾位聖君對賢相都十分尊崇,如商湯敬禮伊尹、仲虺,中宗敬禮伊陟、巫咸,高宗敬禮傅說。在甲骨文的祭祀中,伊尹、巫咸都享受與商王同等規格的祭祀,地位尊顯,上文已

〔註32〕見《歷史研究》2012 年第 6 期。又收入彭裕商《述古集》,巴蜀書社,2016年。561～562 頁。

經詳說。因此簡本《說命》稱武丁對傅說曰：「朕畜女（汝），隹（惟）乃腹，非乃身。」這樣的話似乎不是一代明君武丁的口吻，也違背商朝崇尚賢能的王室傳統。然而仔細考察古文獻，可以發現遠古時代的訓為「養」的「畜」似乎是中性詞，並不含有貶義或任何傲慢無禮。《尚書‧盤庚》：「用奉畜汝眾。」孔傳訓「畜」為「畜養」。但《尚書》此文「畜」的前面有「奉」字，可知「畜」沒有任何輕蔑的意思。在先秦文獻中，「畜」訓「養」用於人的時候非常多，似乎都沒有歧視輕蔑的意思。例如《詩經‧節南山》：「以畜萬邦。」鄭箋：「畜，養也。」《詩經‧小雅‧我行其野》：「爾不我畜。」毛傳：「畜，養也。」《周易‧師‧象傳》：「君子以容民畜眾。」《經典釋文》引王肅曰：「畜，養也。」《左傳‧宣公四年》：「從其母畜於邔。」杜預注：「畜，養也。」《左傳‧哀公二十六年》：「宋景公無子，取公孫周之子得與啟，畜諸公宮，未有立焉。」杜預注：「畜，養也。」《國語‧晉語六》：「昔者吾畜於趙氏。」韋昭注：「畜，養也。」《漢書‧陳湯傳》：「示棄捐不畜。」顏師古注：「畜，謂愛養也。」都無輕蔑之義。到了西漢，「畜」用於人很多時候就有蔑視的意思了。例如司馬遷《史記‧衛將軍驃騎列傳》：「皆奴畜之。」《史記‧平津侯主父列傳》：「禽獸畜之，不屬為人。」《漢書‧司馬遷傳》載《報任少卿書》：「文史星歷近乎卜祝之間，固主上所戲弄，倡優畜之，流俗之所輕也。」可見簡本《說命》的「朕畜女（汝），隹（惟）乃腹，非乃身」說不定是保留了春秋以前古老《說命》的語句。春秋戰國的儒家學者看不慣這樣的語句，所以刪除了。「腹」，整理者解釋為《詩經》的「腹心」，即同心同德。武丁說：我善待你是因為你與我同心同德，而不是因為你的身體。

　　然而畏友蕭旭兄在給我的電郵中提出參考意見：畜可能讀作慉，實是「好」音轉，親愛也。不是畜養義。《呂氏春秋‧適威》引《周書》曰：「民善之則畜也，不善則讎也。」高氏注：「畜，好。」黃生、王筠皆取高說，黃生又指出：「好音吼……好字古借用畜，畜音獸。」（黃生、黃承吉《字詁義府合按》，中華書局 1954 年版，第 30 頁。王筠《說文解字句讀》，中華書局 1988 年版，第 495 頁。）《說文》：「慉，媚也。」敦煌寫卷 P.2011 王仁昫《刊謬補缺切韻》卷 4：「慉，媚。」《廣雅》：「慉，好也。」段玉裁曰：「慉有媚悅之義。凡古經傳用畜字，多有為慉之叚借者。蘇林（孟康）曰：『北方人謂眉（媚）好為詡畜。』又如《禮記》：『孝者，畜也。順於道，不逆於倫，是之謂畜。』《孟子》曰：『《詩》曰：「畜君何尤。」畜君者，好君也。』《呂覽》高注云云。《說

苑》：『尹逸對成王曰：『夫民善之則畜也，不善則讎也。』又孔子曰：『夫通達之國皆人也。以道導之，則吾畜也；不以道導之，則吾讎也。』此等皆以好惡對言，畜字皆取嬌媚之義，今則無有用嬌者矣。」（段玉裁《說文解字注》，上海古籍出版社 1981 年版，第 618 頁。）阮元曰：「《呂覽》云云。《說苑》尹逸對成王曰：『民善之則畜也。』此畜字即『玉女』玉字也。《說文》云云。孟康注《漢書·張敞傳》云：『北方人謂媚好為詡畜。』畜與嬌通也。《禮記·祭統》云：『孝者，畜也。』《釋名》云：『孝，好也，愛好父母，如所說好也。』是愛於君親者，皆可云畜也。畜即好也，好即玉也。畜與旭同音，故《詩》『驕人好好』，《爾雅》作『旭旭』，郭璞讀旭旭為好好。凡此皆王字加點之玉字，與畜、好相通相同之證也。」（阮元《毛詩「王欲玉女」解》，《揅經室集一集》卷 4，收入《叢書集成初編》第 2198 冊，中華書局 1985 年影印，第 67 頁）。

以上是蕭旭的來信。我反覆思考，覺得蕭旭兄的意見是對的。以訓詁學言之，「畜」可訓為「好」〔註33〕，如同蕭旭兄所言。「腹」可解釋為「思想、智慧」，清華簡本「朕畜女（汝），隹（惟）乃腹，非乃身」的意思是：我看重你，是你的思想（智慧），而不是你的身體。考《尚書·盤庚》：「今予其敷心腹腎腸，歷告爾百姓於朕志。」「腹」與「心」都是指內心的思想。《詩經·兔罝》：「赳赳武夫，公侯腹心。」鄭箋：「兔罝之人行攻伐，可用為策謀之臣，使之慮事，亦言賢也。」鄭箋甚為精確，「腹心」義為「策謀之臣」，強調其「賢」〔註34〕。《左傳·宣公十二年》鄭伯對楚莊王說：「非所敢望也，敢布腹心。」這個「腹心」是自己真實的思想。因此，清華簡的「腹」解釋為「思想」，也是有根據的。這樣的解釋似乎也頗能自圓其說。在以上兩說中，我更趨向於後一種解釋。

三、結論

自從清華簡《說命》發現以後，學術界很多學者認為這是出土的先秦真本的《說命》，因此可以完全證明今本《說命》是不折不扣的偽書。本文認為學術界是將複雜的問題簡單化了。我們仔細考察了相關的文獻及其語言特

〔註33〕另可參看錢大昕《十駕齋養新錄》卷四《畜有好音》條，《嘉定錢大昕全集》七，江蘇古籍出版社，1997 年。91 頁。

〔註34〕《左傳·成公十二年》引述《詩經》「赳赳武夫，公侯腹心」，杜預注：「治世，則武夫能合德公侯」。朱熹《詩集傳》訓「腹心」為「同心同德」。朱熹注乃是本於杜預注《左傳》，所釋皆不如鄭箋準確。

徵，通過以上十三條證據，詳細論證了清華簡本《說命》不可能是原始真本的《說命》，同時指出簡本《說命》在語言上也有其古老性的一面。這就是本文的結論。我們將在另外的專論中考證今本《說命》才是真正的先秦古本的《尚書‧說命》，不可能是魏晉時代才產生的偽書。

【本文為 2015 年度五邑大學創新強校項目「陳垣新論」（編號：2015WTSCX106）的階段性成果。】

從《四庫總目》經部四書類
看元代孟子學

周春健

摘要：《四庫總目》經部四書類收錄元代四書學著述 14 部，其中 12 部與孟子學直接相關。從相關提要及四書類小序、案語可以看出，四庫館臣認為元代孟學有諸多可觀處，如「有所發明」、「融貫經義」、「皆有根柢」、「非苟門戶」等，體現出元代孟學寶貴的學術品格。元代孟學亦值得批判處，如「門戶之見」、「失於考核」、「轉相稗販」等。與明代孟學相比，元代孟學「猶篤志於研經」、「猶有研究古義之功」，是中國孟學史上不可或缺的一環。

關鍵詞：《四庫總目》；元代；孟子學；朱熹；目錄學

作者簡介：周春健，歷史學博士，中山大學哲學系教授。

　　按照章學誠、余嘉錫等學者的說法，目錄學著作具有重要的學術史功能〔註 1〕。完成於中國古典學術大總結時代的《四庫全書總目》（以下簡稱《四庫總目》或《總目》），更是中國古典目錄著作的集成之作，從中可以看出中國古典學術各門類的演化軌跡。

　　《四庫總目》經部共分十類，「四書類」為其中之一，包含正目二卷（卷 35、36）、存目一卷（卷 37）。按照四庫館臣的統計，正目收書 62 部，存目

〔註 1〕清人章學誠在《校讎通義》中認為，校讎學（文獻學）具有「辨章學術，考鏡源流」的重要功用。近人余嘉錫在《目錄學發微》中，更是明確提出「目錄者，學術之史也」的著名論斷。

收書 101 部,四書類著錄圖書總計 173 部,每部書皆對應有提要文字。元代孟子學是元代四書學的內容之一,從《總目》四書類諸書提要以及某些案語、跋語,我們可以較為清晰地瞭解元代四書學的發展脈絡,也可以見出元代孟子學的某些學術特徵。從目錄書看經學史,應該是一個比較重要的研究角度。

一、《四庫總目》收錄元代孟學著述的目錄學分析

按照時代劃分,《四庫總目》所收錄各朝四書類著述之數量,列表如下:

	漢代	魏代	唐代	宋代	元代	明代	清代
正目	1 部	2 部	1 部	22 部	11 部	10 部	15 部
存目	0 部	0 部	0 部	7 部	1 部	40 部	53 部

其中《正目》中劃歸宋代的金履祥著作《論孟集注考證》、《大學疏義》二部,在清人黃虞稷《千頃堂書目》、金門詔《補三史藝文志》、錢大昕《補元史藝文志》等目錄學著作中皆歸元代。若加上此二部,則《四庫總目》所收錄元代四書類著述總量為 13 部,甚至比明代還要多,且在正目 62 部著述中,占比 21%。作為國祚不足百年的元朝來說,尤其是在通常認為元代學術多不足觀的前提下,這一比例不可謂不高,值得我們多加關注。

至於《存目》所錄,元代僅有 1 部〔註2〕,與明、清兩代的 93 部相比,相差極為懸殊。不過,《四庫總目》中「正目」與「存目」的劃分,本來就是按照學術價值高下之別來設置的。《存目》諸書只保留提要,而不像《正目》一樣將原書全部收錄進《四庫全書》,本身就表明在清人眼中,《存目》諸書價值不及《正目》。從這一點來說,《存目》中某類收錄圖書數量少,未必說明其學術價值低。

算上金履祥的二部著述,《四庫總目》所收元代四書類著述具體信息如下(以諸書在《總目》中之排列先後為序):

〔註 2〕另有《中庸合注》一卷,不著撰人名氏,前有元人吳澂之序。但據四庫館臣考證,「考其所引,皆明永樂中所修《四書大全》之說,必書賈摘錄《大全》,偽託澂名以售也」(清·永瑢等:《四庫全書總目》卷三十七《四書類存目》,中華書局,1965 年版,第 308 頁)。

分類	作者	書名、卷數
正目	金履祥	《大學疏義》一卷
	金履祥	《論語集注考證》十卷 《孟子集注考證》七卷
	劉因	《四書集義精要》二十八卷
	陳天祥〔註3〕	《四書辨疑》十五卷
	許謙	《讀四書叢說》四卷
	胡炳文	《四書通》二十六卷
	張存中	《四書通證》六卷
	袁俊翁	《四書疑節》十二卷
	王充耘	《四書經疑貫通》八卷
	詹道傳	《四書纂箋》二十八卷
	朱公遷	《四書通旨》六卷
	史伯璿	《四書管窺》八卷
	景星	《大學中庸集說啟蒙》二卷
存目	倪士毅	《重訂四書輯釋》二十卷

在全部 14 部元代四書類著述中，除去金履祥《大學疏義》、景星《大學中庸集說啟蒙》，其餘 12 部皆與孟子學直接相關。每部書包含的孟學相關內容，列表如下：

書名、卷數	孟學相關內容
《論語集注考證》十卷 《孟子集注考證》七卷	《孟子集注考證》七卷
《四書集義精要》二十八卷	今存《孟子集義精要》三卷
《四書辨疑》十五卷	《孟子辨疑》五卷，174 條
《讀四書叢說》四卷	《讀孟子叢說》二卷

〔註3〕《四書辨疑》十五卷，《總目》原標「不著撰人名氏」，但繼而考證曰：「書中稱『自宋氏播遷江表，南北分隔才百五六十年，經書文字已有不同』，則元初人所撰矣。蘇天爵《安熙行狀》云：『國初有傳朱子《四書集注》至北方者，滹南王公雅以辨博自負，為說非之。趙郡陳氏獨喜其說，增多至若干言。』是書多引王若虛說，殆寧晉陳天祥書也。」（《四庫全書總目》卷三十六，第 299 頁）故以之為陳天祥撰。

《四書通》二十六卷	《孟子通》十四卷
《四書通證》六卷	《孟子通證》二卷
《四書疑節》十二卷	《孟子疑節》六卷
《四書經疑貫通》八卷	《孟子經疑貫通》二卷
《四書纂箋》二十八卷	《孟子纂箋》十四卷
《四書通旨》六卷	提煉範疇，涉及孟學觀念
《四書管窺》八卷	《孟子管窺》二卷
《重訂四書輯釋》二十卷	《重訂孟子輯釋》十四卷

由上表可知，《四庫總目》著錄的 12 部四書學著述，雖然皆包含相當部分的孟學內容，但除去金履祥著述書名中標明「孟子」，其餘著述皆具名「四書」，無有標注「孟子」者。這在一定程度上表明，在清人觀念中，重要的孟學著述大都屬於「四書學」的範疇，故少有收錄孟學專書。《四庫總目》的這一著錄現象，與宋、元以來的孟學發展大勢亦相吻合，比如四庫館臣為「四書類」正目所作案語云：

> 《論語》、《孟子》，舊各為帙。《大學》、《中庸》，舊《禮記》
> 之二篇。其編為《四書》，自宋淳熙始。其懸為令甲，則自元延祐復
> 科舉始。古來無是名也。……元邱葵《周禮補亡序》稱聖朝以「六
> 經」取士，則當時固以《四書》為一經。前創後因，久則為律，是
> 固難以一說拘矣。今從《明史‧藝文志》例，別立《四書》一門，
> 亦所謂禮以義起也。朱彝尊《經義考》於《四書》之前仍立《論語》、
> 《孟子》二類，黃虞稷《千頃堂書目》凡說《大學》、《中庸》者，
> 皆附於禮類，蓋欲以不去餼羊，略存古義。然朱子書行五百載矣，
> 趙岐、何晏以下，古籍存者寥寥。梁武帝《義疏》以下，且散佚並
> 盡。元、明以來之所解，皆自《四書》分出者耳。〔註4〕

四庫館臣在這裡所提到的朱彝尊、黃虞稷二位目錄學家對於《孟子》的處理方式，與《四庫總目》不同，但朱、黃二人之用意，在於保存四書曾經單獨別行之歷史「古義」。從孟學史演進的角度來講，宋末以至元、明以來，《孟子》確乎「自《四書》分出」。這也是元代孟子學發展演變的一個大的背景。

〔註4〕〔清〕永瑢等：《四庫全書總目》卷三十五《四書類一》，第 289 頁。

二、從《四庫總目》看元代孟學之可觀處

清人皮錫瑞在《經學歷史》中稱，「論經學，宋以後為積衰時代」〔註5〕，包含的主要即為元、明二朝。談及元代學術時，皮錫瑞稱：

> 宋儒學有根柢，故雖撥棄古義，猶能自成一家。若元人則株守宋儒之書，而於注疏所得甚淺。〔註6〕

不過這一論斷是相較於宋儒之學而言的，就元代孟學來說，其實並非一無是處。在四庫館臣看來，元代孟學亦多有可觀，大端如次：

第一，「有所發明」

浙江金華人許謙曾受業金履祥之門，是北山學派的代表學人，所撰《讀四書叢說》中包含《讀孟子叢說》二卷。對於許謙之學，四庫館臣給予了較高評價，稱：

> 書中發揮義理，皆言簡義該。或有難曉，則為圖以明之，務使無所凝滯而後已。其於訓詁名物，亦頗考證，有足補《章句》所未備。於朱子一家之學，可謂有所發明矣。〔註7〕

既云「有所必明」，便不是亦步亦趨，毫無建樹，這對於儒學基礎總體比較薄弱的元朝來說，是一種寶貴的學術品質。比如許謙在書中，對朱子《孟子集注》「訓詁名物之缺」多所考訂。如《孟子・盡心下》第三章：「以至仁伐至不仁，而何其血之流杵也。」對於「杵」字，許謙便對朱子之說有所訂正：

> 《集注》：「杵，春杵也。或作鹵，盾也。」作「鹵」者是，然亦非「楯」。若以為春杵與楯，苟非血深一二尺，豈能漂之？雖非武王殺之而商人自相殺，然亦不至如是之多也。蓋「鹵」乃「鹽鹵」之「鹵」，謂地發蒸濕，言血漬於地，如鹵濕然。〔註8〕

《孟子・梁惠王下》第五章：「齊宣王問曰：『人皆謂我毀明堂。毀諸？已乎？』孟子對曰：『夫明堂者，王者之堂也。王欲行王政，則勿毀之矣。』」朱子在

〔註5〕〔清〕皮錫瑞著，周予同注釋：《經學歷史・九》，中華書局，2004年新1版，第198頁。

〔註6〕〔清〕皮錫瑞著，周予同注釋：《經學歷史・九》，第205頁。

〔註7〕〔清〕永瑢等：《四庫全書總目》卷三十六《四書類二》，第299頁。

〔註8〕〔元〕許謙：《讀四書叢說》卷四《讀孟子叢說下》，《景印文淵閣四庫全書》第202冊，臺灣商務印書館，1986年版，第623～624頁。

《孟子集注》中的解釋較為簡明，除去引用漢人趙岐之說，又作注釋云：「明堂，王者所居，以出政令之所也。能行王政，則亦可以王矣。何必毀哉？」但對於「明堂」此類關乎古代政治制度的大問題，如此解說稍嫌簡略，許謙在《讀孟子叢說》中先對本章經義加以申發：

> 「人皆謂我毀明堂」，舉眾人之言也。「毀諸」，自問果當毀之乎。「已乎」，又以己意問止而勿毀乎。見得宣王之意，正是欲不毀爾。蓋已稱王，即欲行天子之制也。孟子則不禁他不毀，只是教之行王政。蓋行王政則是副王之名，雖行天子之制可也。

又詳引《周禮・考工記》等文獻，詳說周禮明堂之制，並加案語云：

> 右明堂制諸說，大概如此。按《周禮》舉三代之制以互見，蓋夏世室以宗廟言，則王宮及明堂之制同；殷重屋以王宮言，則宗廟、明堂之制同；周明堂以朝會之所言，則宗廟、王宮之制同也。朱子之說簡當。〔註9〕

如此，則對朱子《孟子集注》之說不惟有所補充，而且使朱子之立意更為顯豁，確乎有「有所發明」之功。

又如浙江平陽人史伯璿，撰《四書管窺》八卷，其中包含《孟子管窺》二卷，其書「引趙順孫《四書纂疏》、吳真子《四書集成》、胡炳文《四書通》、許謙《四書叢說》、陳櫟《四書發明》及饒氏、張氏諸說，取其與《集注》異同者，各加論辨於下。諸說之自相矛盾者，亦為條列而釐訂之，凡三十年而後成。於朱子之學，頗有所闡發」〔註10〕。並且在四庫館臣看來，伯璿之闡發頗有可取，「深得朱子之心」，亦可謂「有所發明」。

第二，「融貫經義」

融貫經義，表明不惟不偏離經義，而且於經義所得甚深。元代孟學著述中，多有達到此一境界者。比如江西袁州人袁俊翁，曾順應元代中期科舉之恢復，撰作《四書疑節》十二卷，其中包含《孟子疑節》六卷。比如以《孟子》經說立目者有：

> 《史記》謂孟子與其徒自著書，韓子又曰孟子歿後其徒記之
> 答公都子問性而以情與才言之，性、情、才三者有異無異？

〔註9〕〔元〕許謙：《讀四書叢說》卷三《讀孟子叢說上》，《景印文淵閣四庫全書》第 202 冊，第 595、596 頁。

〔註10〕〔清〕永瑢等：《四庫全書總目》卷三十六《四書類二》，第 301 頁。

孟子曰君子行法以俟命，又曰有性焉君子不謂命也，何歟？

必有事焉而勿正心勿忘勿助長也，先儒所定句讀不同，何者為

是？

……

俊翁在書中所提煉的孟學諸題，皆為《孟子》經義之至關重要者。且在每題之下，均對主題作出簡明闡說。比如「孟子曰君子行法以俟命又曰有性焉君子不謂命也何歟」一條，俊翁解說云：

此二「命」字，本皆指命分之命而言，特其所言之事則有異。故二章正所以互相發而不見其兩相背也，何也？士君子立身行己之間，有屬性分之事，有屬命分之事。屬性分者，求其在我也；屬命分者，求其在外也。求在外者，如富貴貧賤壽夭之屬；求在我者，如孝悌忠信仁義之類。是以求在我之事，則曰「有性焉，君子不謂命也」；求在外之事，則曰「君子行法以俟命」而已矣。此所謂法，即彼所謂性。性者，天理之從出；法者，天理之當然，其理一而已矣。〔註11〕

俊翁對於二「命」字的區分頗為細緻準確，可以見出其對於《孟子》經義確有深入的理解。因此雖是科舉之書，但依然可以考見其學術品質，《四庫總目》即云：

其例以《四書》之文互相參對為題，或似異而實同，或似同而實異，或闡義理，或用考證，皆標問於前，列答於後，蓋當時之體如是。雖亦科舉之學，然非融貫經義，昭晰無疑，則格閡不能下一語，非猶夫明人科舉之學也。〔註12〕

四庫館臣對於俊翁之學以「融貫經義，昭晰無疑」許之，並稱「非猶夫明人科舉之學」，這表明在清人看來，元代學術具有諸多值得肯定之處。

又如江西樂平人朱公遷，曾從饒魯問學，對於《孟子》及整個《四書》均有專研。他曾撰《四書通旨》六卷，提取《四書》中的某些重要命題，引用《四書》原文加以印證，並加案語申明其義，是元代四書學著述中比較特別的一部。比如與《孟子》直接相關的命題，即有「仁義」、「義利」、「人倫」、

〔註11〕〔元〕袁俊翁：《四書疑節》卷七《孟子一》，《景印文淵閣四庫全書》第203冊，第823頁。

〔註12〕〔清〕永瑢等：《四庫全書總目》卷三十六《四書類二》，第300頁。

「父子」、「君臣」、「君道」等多種。列出命題後，下引《孟子》經文並加案語，體現出朱公遷對於《孟子》相關觀念的深入思考。四庫館臣對於公遷之學，亦頗多嘉許，云：

> 於天人性命之微，道德學問之要，多能剖其疑似，詳其次序，使讀者因此證彼，渙然冰釋。要非融會貫通，不能言之成理如是也。
>
> 〔註13〕

「融會貫通」、「言之成理」，亦表明清人觀念中的元代學術多有可觀。

第三，「皆有根柢」

在談及元代孟學及四書學學者時，四庫館臣多贊許其學有根柢，務實不虛。比如對於許謙的《讀四書叢說》，即曾稱讚其「言簡意該」、「亦頗考證」。又如江西臨川人詹道傳曾撰《四書纂箋》二十八卷，其中包含《孟子纂箋》十四卷。《四庫提要》稱：

> 是書略仿古經箋疏之體，取朱子《四書章句集注》、《或問》，正其音讀，考其名物度數，各注於本句之下，亦間釋朱子所引之成語。如「真積力久」出《荀子·勸學篇》，「孝子愛日」出《揚子·孝至篇》，皆為證其出處。其所援引，亦間有牴牾。……又此書於朱子所引諸儒，皆詳其名字、里居。而《孟子·盡心章》引陳氏厭於嫡母之說，實陳耆卿《孟子記蒙》中語。耆卿字壽老，臨海人，見葉適《水心集》。此獨失載，亦未免有所疏漏。然大致皆有根柢，猶元儒之務實學者。〔註14〕

按四庫館臣所說，雖則《孟子纂箋》「未免有所疏漏，然大致皆有根柢，猶元儒之務實學者」。這裡所謂「皆有根柢，務實學者」，亦屬治學者之寶貴品質，對於元代學者而言更為可嘉。再如新安學者胡炳文撰有《四書通》二十六卷，其中包含《孟子通》十四卷，是元代孟子學的代表性著述。《四庫總目》稱此書曰：

> 是編以趙順孫《四書纂疏》、吳真子《四書集成》皆闡朱子之緒論，而尚有與朱子相戾者。因重為刊削，附以己說，以成此書。……雖堅持門戶，未免偏主一家，然觀其《凡例》，於「顏淵好學」章，哀樂、哀懼一字之筆誤，亦必辨明；……其於一家之學，用心亦勤

〔註13〕〔清〕永瑢等：《四庫全書總目》卷三十六《四書類二》，第 301 頁。

〔註14〕〔清〕永瑢等：《四庫全書總目》卷三十六《四書類二》，第 300 頁。

且密矣。《章句集注》所引凡五十四家，今多不甚可考。蔡模《集疏》
間有所注，亦不甚詳。是書尚一一載其名字，頗足以資訂證。

作為朱子同鄉的胡炳文，有著明確的維護朱子學正宗地位的用意，故而在其著述中體現出較為明顯的「堅持門戶，未免偏主一家」的意識。但在四庫館臣看來，就包括《孟子通》在內的整個《四書通》來說，胡炳文還是作了諸多實在的學術工夫，「用心亦勤且密矣」，「頗足以資訂證」，便是對此胡氏學術品質的充分肯定。

第四，「非苟門戶」

由於元代學術有著特殊的歷史文化背景，對於元代孟子學，也需要從南北地域的角度審視其學術特徵。南方學者中，多有宗朱一派，體現出較為濃重的門戶立場，比如北山學派代表人物金履祥在《孟子集注考證》的跋語當中曾說：

或疑此書不無微牾者，既是再考，豈能免此？但自我言之則為忠臣，自他人言之則為讒賊爾。此履祥將死真切之言，二三子其詳之。〔註15〕

雖然金履祥是出於維護朱學正宗的意圖撰作《論孟集注考證》，並且確有學者認為金氏「能得朱子之遺緒」〔註16〕，但他所謂「自我言之則為忠臣，自他人言之則為讒賊爾」確乎體現出其鮮明的門戶之見。對於這點，四庫館臣曾有所批評：

惟其自稱此書不無微牾，自我言之則為忠臣，自他人言之則為讒賊，則殊不可訓。夫經者古今之大常，理者天下之公義。議論之得失惟其言，不惟其人。使所補正者果是，雖他人亦不失為忠臣；使所補正者或非，雖弟子門人亦不免為讒賊。何以履祥則可，他人則必不可？此宋元間門戶之見，非篤論也。〔註17〕

北方學者中，被尊為元代理學宗師的許衡，在接觸到南方程朱理學典籍之後，曾經發生過一個從北方章句訓詁之學到南方義理之學的重要轉變，並且在推

〔註15〕〔元〕金履祥：《孟子集注考證跋》，《全元文》第八冊，江蘇古籍出版社，1999年版，第777頁。
〔註16〕〔元〕金履祥：《大學疏義》卷首提要，《景印文淵閣四庫全書》第202冊，第1頁。
〔註17〕〔清〕永瑢等：《四庫全書總目》卷三十五《四書類一》，第298頁。

動理學、四書學北傳過程中發揮過重要作用〔註18〕。許衡對待朱子及《四書》的態度是，「《小學》、《四書》，吾敬信如神明」〔註19〕、「一以朱子之言為師」〔註20〕，但這略有別於金履祥、胡炳文等人的門戶之見。許衡在當時的任務主要是，在理學素養普遍較差的北地，做一種理學、四書學的普及傳播工作。他的目標並非僅在於維護朱子一家之學術威權，更在於試圖使元代統治者能夠接受漢學、實行漢法。

從不拘門戶的角度講，元代北方學者中值得提及的還有劉因、陳天祥二人。劉因作為北地學者（保定容城人），同樣受到了南方四書學的重要影響，發生了一個學術轉向。劉因曾撰著《四書集義精要》二十八卷，其中包含《孟子集義精要》三卷，《四庫總目》稱：

> 朱子為《四書集注》，凡諸人問答與《集注》有異同者，不及訂歸於一而卒。後盧孝孫取《語類》、《文集》所說，輯為《四書集義》，凡一百卷，讀者頗病其繁冗。因乃擇其指要，刪其複雜，勒成是書。……其書芟削浮詞，標舉要領，使朱子之說不惑於多岐。蘇天爵以「簡嚴粹精」稱之，良非虛美。蓋因潛心義理，所得頗深，故去取分明，如別白黑。較徒博尊朱之名，不問已定未定之說，片言隻字無不奉若球圖者，固不同矣。〔註21〕

四庫館臣稱劉因之作「潛心義理，所得頗深」，正是肯定其學術價值。而這一立論恰是在批評某些學者「徒博尊朱之名，不問已定未定之說，片言隻字無不奉若球圖」的基礎上形成的。「徒博尊朱之名」、「片言隻字無不奉若球圖」，便是狹隘的門戶之見。劉因能突破這點，一方面可見其獨立學術品性，一方面也與他的北方經學傳統有關。

陳天祥（河北大名人，後徙河南）是元代北方學者中較為特殊的一位，他既不屬於以許衡為代表的「魯齋學派」，也不屬於以劉因為代表的「靜修學派」，對其學術影響最大者為金儒王若虛。王若虛曾撰《論語辨惑》、《孟子辨

〔註18〕 參周春健：《元代四書學研究》第一章，華東師範大學出版社，2008年版，第20～22頁。
〔註19〕 〔元〕許衡：《魯齋遺書》卷九《與子師可》，《景印文淵閣四庫全書》第1198冊，第411頁。
〔註20〕 〔元〕許衡：《魯齋遺書》卷十四《先儒議論》，《景印文淵閣四庫全書》第1198冊，第463頁。
〔註21〕 〔清〕永瑢等：《四庫全書總目》卷三十六《四書類二》，第299頁。

惑》等，批評南方理學解說《論語》之「三過」——「過於深、過於高、過於厚」〔註22〕。王氏曾專門撰作《孟子辨惑》一卷，彙集相關內容14條，針對漢宋諸儒的解《孟》之語作出辨說，批判意識甚強，體現出王若虛作為「金源學者」的獨特學術風貌。受其影響，陳天祥撰著《四書辨疑》十五卷，全面批評朱子《四書章句集注》的誤失之處，又在朱子注釋中的「或曰」等處給出判斷，並且為朱子注釋的某些闕漏之處作出補足，成為元代四書學史上一部獨具特色的作品〔註23〕。在書中，陳天祥即曾引用王若虛《論孟辨惑》原文若干。四庫館臣曾經為此書作出過較為公允的評價，稱：

> 凡《大學》十五條，《論語》一百七十三條，《孟子》一百七十四條，《中庸》十三條。其中如駁「湯盤」非沐浴之盤，謂盤乃淺器，難容沐浴，是未考《禮·喪大記》鄭《注》有「盤長二丈，深三尺」之文，頗為疏舛。又多移《易經》文以就己說，亦未見必然。然亦多平心剖析，各明一義，非苟為門戶之爭。說《春秋》者三《傳》並存，說《詩》者四家互異，古來訓詁，原不專主一人。各尊所聞，各行所知，固不妨存此一家之書，以資參考也。〔註24〕

儘管陳天祥撰作此書對朱子《四書章句集注》有所批評，但出於「平心剖析，各明一義，非苟為門戶之爭」，較諸南方諸多限於門戶之見者，其意義不可同日而語矣。

三、從《四庫總目》看元代孟學之批判處

元代孟學固然有其可觀處，但其總體學術水平依然有限。在《四庫總目》中，四庫館臣也從多個方面對元代孟學之值得批判處提出過批評，大端如次：

（一）「門戶之見」

如上所言，雖然元代孟子學中也有諸如劉因、陳天祥諸人「非苟門戶」，但由於種種原因，元代學者中也有諸多過於堅守朱子學之門戶者，一定程度上使其學術活力受到限制，也受到了四庫館臣的批評。比如前文提及，金履祥撰作《論孟集注考證》，曾稱書中與朱子之說不一致處，「自我言之則為忠

〔註22〕 〔金〕王若虛撰，胡傳志、李定乾校注：《滹南遺老集》卷三《論語辨惑總論》，遼海出版社，2006年版，第34頁。
〔註23〕 參周春健：《元儒陳天祥與〈四書辨疑〉》，《經典與解釋》，第35輯（2011年）。
〔註24〕 〔清〕永瑢等：《四庫全書總目》卷三十六《四書類二》，第299頁。

臣，自他人言之則為讒賊爾」，四庫館臣便批評其「此宋元間門戶之見，非篤論也」。

元代學者中在這方面受詬病較多者，是新安胡炳文。胡氏曾撰《孟子通》十四卷，四庫館臣為其撰作提要時稱：「堅持門戶，未免偏主一家。」在為清人所作孟子學著述作提要時，也曾拿胡炳文作為「反面典型」批評。比如陸隴其撰有《四書講義困勉錄》，《四庫總目》稱：

> 明自萬曆以後，異學爭鳴，攻《集注》者固人自為說，即名為闡發《集注》者亦多陽儒陰釋，似是而非。隴其篤信朱子，所得於《四書》者尤深。是編薈稡群言，一一別擇，凡一切支離影響之談，刊除略盡。其羽翼朱子之功，較胡炳文諸人有過之無不及矣。〔註25〕

在金履祥《論孟集注考證》提要中，四庫館臣亦稱：「然其旁引曲證，不苟異亦不苟同，視胡炳文輩拘墟迴護，知有注而不知有經者，則相去遠矣。」〔註26〕考炳文之學術淵源，《宋元學案‧介軒學案》列為「孝善家學」，曰：「父孝善先生斗元，從朱子從孫小翁（洪範）得《書》、《易》之傳。先生篤志家學，又潛心朱子之學，上溯伊洛，以達洙泗淵源，靡不推究。」〔註27〕據以知炳文之四書學，乃主要由家學和私淑朱子而來。他撰作包含《孟子通》在內的《四書通》，也確乎有較為明確的維護學統的意識，他曾自稱：

> 《四書通》何為而作也？懼夫讀者得其辭未通其意也。《六經》，天地也；《四書》，行天之日月也。……余老矣，潛心於此者余五十年，謂之通矣乎？未也。獨惜乎疏其下者或泛或舛，將使學者何以決擇於取捨之際也？嗚呼，此余所以不得不會其同而辨其異也。會之庶不失其宗，辨之庶不惑於似也。〔註28〕

這裡的「懼夫讀者得其辭未通其意也」，用鄧文原的話說，其實就是：

> 今新安雲峰胡先生之為《四書通》也，悉取《纂疏》、《集成》之庋於朱夫子者刪而去之，有所發揮者則附己說於後。如譜昭穆以正百世不遷之宗，不使小宗得後大宗者，懼其亂也。〔註29〕

〔註25〕〔清〕永瑢等：《四庫全書總目》卷三十六《四書類二》，第 304 頁。

〔註26〕〔清〕永瑢等：《四庫全書總目》卷三十五《四書類一》，第 298 頁。

〔註27〕〔清〕黃宗羲、全祖望：《宋元學案》卷八十九《介軒學案》，中華書局，1986 年版，第 2986 頁。

〔註28〕〔元〕胡炳文：《四書通序》，《全元文》第十七冊，第 122 頁。

〔註29〕〔元〕鄧文原：《四書通序》，《全元文》第二一冊，第 44 頁。

「懼其亂也」，既是一種學統意識，又是一種門戶之見。形成某種門戶之見固然有其原因，但當這種門戶之見嚴重到一定程度，便會影響學術的發展了。比如元代以金履祥、許謙等為代表的北山學派孟子學，因一味「宗朱」而最終導致「力圖通過傳注以維護朱學，實則把朱學引向『在注腳中討分曉』（傅山語）的末路」〔註 30〕。而以胡炳文、陳櫟等為代表的新安學派孟子學，也因過於「宗朱」而導致「拘墟迴護，知有注而不知有經」，這是需要批判和反思的。

（二）「失於考核」

四庫館臣對於元代孟學著述之疏舛處亦多所批評，如上文所述，在陳天祥《四書辨疑》提要中，曾批評「其中如駁湯盤非沐浴之盤，謂盤乃淺器，難容沐浴，是未考《禮‧喪大記》鄭《注》有『盤長二丈，深三尺』之文，頗為疏舛。又多移易經文以就己說，亦未見必然」。又在詹道傳《四書纂箋》提要中，曾批評該書「《孟子‧盡心章》引陳氏厭於嫡母之說，實陳耆卿《孟子記蒙》中語。耆卿字壽老，臨海人，見葉適《水心集》。此獨失載，亦未免有所疏漏」。

《四庫總目》對於張存中《四書通證》的批評似乎更為嚴厲，存中《四書通證》六卷中，包含《孟子通證》二卷，亦屬元代孟子學的代表性著述。存中字德庸，與胡炳文同屬新安學者，其撰《孟子通證》亦是附於《四書通》而作。然在四庫館臣看來，此書頗為疏舛，多處「失於考核」，云：

> 初，胡炳文作《四書通》，詳義理而略名物。存中因排纂舊說，成此書以附其後，故名曰《四書通證》。……今覈其書，引經數典，字字必著所出。而《論語》「夏曰瑚，商曰璉」一條承包氏之誤者，乃不引《禮記》以證之。又「時見曰會，眾見曰同」，與《周禮》本文小異。蓋宋代諱「殷」，故改「殷」為「眾」。乃但引《周禮》於下，而不辨其何以不同，皆不免有所迴護。不知朱子之學在明聖道之正傳，區區訓詁之間，固不必為之諱也。《孟子》「與楚將昭陽戰，亡其七邑」一條，存中謂「《史記》作八邑，未詳孰是」，不知司馬貞《史記索隱》明注《史記》古本作七邑。是朱子稱七邑乃據古本，原非謬誤。存中持疑不決，亦失於考核。又如「三讓」引《吳越春

〔註30〕侯外廬等：《宋明理學史》第二編第二十三章，人民出版社，1997 年版，第663 頁。

秋》，泛及雜說。而於歷代史事每多置正史而引《通鑒》，亦非根本
之學。〔註31〕

存中書在所存在的問題，不惟多處「持疑不決，失於考核」，又有「不免有所
迴護」之門戶立場，故四庫館臣稱其「非根本之學」。這與雖然同樣有所「疏
漏」但「大致皆有根柢，猶元儒之務實學者」的詹道傳相比，確乎等而下之，
故四庫館臣在詹氏《四書纂箋》提要末尾稱：「與張存中《四書通證》相較，
固猶在其上矣。」〔註32〕

（三）「轉相稗販」

　　這一點主要是從著述體式上講的。與元代四書學的著述相應，元代孟子
學著述體式也分多種，代表性者諸如「集疏體」、「箋釋體」、「辨疑體」、「經
問經疑體」、「年譜傳記體」等。體式包孕思想，思想催生體式，這些體式的
產生與元代特定的歷史文化背景有直接關聯〔註33〕。但元代孟子學著述的某
些體式，卻遭到了四庫館臣的嚴厲批評。這裡值得提及者，一為樂平學者朱
公遷，一為新安學者倪士毅。

　　如前所述，朱公遷撰有《四書通旨》六卷，提取《論語》、《孟子》中的
諸多概念範疇加以申說，體現出較強的思辨色彩，有其一定的學術價值。但
四庫館臣對本書體例不甚贊同，云：

　　　　是編取《四書》之文，條分縷析，以類相從，凡為九十八門。
　　每門之中，又以語意相近者聯綴列之，而一一辨別異同，各以「右
　　明某義」云云標立言之宗旨。蓋昔程子嘗以此法教學者，而公遷推
　　廣其意以成是書。其間門目既多，間涉冗碎，故朱彝尊《經義考》
　　謂讀者微嫌其繁。……堯、舜、禹、湯、文、武、周公、孔子、孔
　　門弟子、子思、孟子諸門，以人隸事，體近類書，尤為無所發明。

〔註34〕

該書「以類相從」的體例，或許是受到了南宋朱子弟子陳淳《北溪字義》的
影響。然而四庫館臣認為其「門目既多，間涉冗碎」，乃責其分類不當。至於

〔註31〕〔清〕永瑢等：《四庫全書總目》卷三十六《四書類二》，第300頁。
〔註32〕〔清〕永瑢等：《四庫全書總目》卷三十六《四書類二》，第300頁。
〔註33〕〔周春健：《著述體式與元代四書學》（湖北大學《中文論壇》第五輯）、《元
　　　　代「年譜傳記類」孟學著述三種考議》（程志敏、張文濤：《從古典重新開始：
　　　　古典學論文集》，華東師大出版社，2015年）。
〔註34〕〔清〕永瑢等：《四庫全書總目》卷三十六《四書類二》，第300～301頁。

儒門人物之「以人隸事，體近類書，尤為無所發明」，則責其此類內容之編排體例失當。

　　倪士毅，字仲宏，歙縣人，陳櫟弟子，《宋元學案‧滄洲諸儒學案下》列為「定宇門人」。隱居徽州祁門山，學者稱「道川先生」。所撰《四書輯釋》三十六卷，其中包含《重訂孟子輯釋》十四卷。是書屬於「集疏體」，乃南宋以來四書學之主要著述體式。清人顧炎武《日知錄》對此一著述體式流變過程曾有描述：

> 　　自朱子作《大學中庸章句》、《或問》、《論語孟子集注》之後，黃氏有《論語通釋》，其採《語錄》附於朱子《章句》之下，則始於真氏。祝氏仿之，為《附錄》，後有蔡氏《四書集疏》、趙氏《四書纂疏》、吳氏《四書集成》。論者病其泛濫，於是陳氏作《四書發明》、胡氏作《四書通》，而定宇之門人倪氏合二書為一，頗有刪正，名曰《四書輯釋》。永樂所纂《四書大全》特小有增刪，其詳其簡或多不如倪氏。《大學中庸或問》則全不異，而間有舛誤。〔註35〕

《四書輯釋》之撰，主要薈萃陳氏、胡氏二家之說，而以陳說為主，別增入朱子《文集》、《語錄》、《輯略》、《集義》，旁及諸家所引之說。於諸說，字求其訓，句探其旨，鳩儳精要，考訂訛舛，惟融貫刪節，不盡依原文。明清學者多有稱道是書者，如明人楊士奇云：「《集成》博而雜，不若此書多醇少疵也。」〔註36〕薛瑄云：「《四書集注章句》之外，倪氏《集釋》最為精簡。」〔註37〕清人萬授一云：「《朱子集注》既行，當時儒者懼後學誦習之難，因各詮釋。……由宋迄元，不下數十家。而義理明備，採擇精當，莫如道川倪氏之《輯釋》。」〔註38〕《文淵閣四庫全書》本《四書大全》卷首提要亦云：「惟是倪氏原書最為審要，其義理明備，採擇精醇，實迥出他家之上，則當日諸臣據以編訂，亦不為無因。」然而後經紀昀潤色刪訂之《四庫總目》所收錄的《四書大全》提要，則貶低是書，以為其專為科舉而作：

> 　　考士毅撰有《作義要訣》一卷，附刻陳悅道《書義斷法》之末，

〔註35〕〔清〕黃汝成集釋：《日知錄集釋》卷十八《四書五經大全》，浙江古籍出版社，2013年版，第1054頁。

〔註36〕〔明〕楊士奇：《東里集續集》卷十七《四書輯釋跋》，《景印文淵閣四庫全書》第1238冊，第585頁。

〔註37〕〔清〕朱彝尊：《經義考》卷二五五引，中華書局，1998年版，第1286頁。

〔註38〕〔清〕朱彝尊：《經義考》卷二五五引，第1286頁。

今尚有傳本，蓋頗講科舉之學者。其作《輯釋》，殆亦為經義而設，故廣等以夙所誦習，剽剟成編歟？〔註39〕

大概正是基於此一原因，屬名倪士毅的《重訂四書輯釋》一書僅入《四庫總目》「存目」，而未得入「正目」。在為《重訂四書輯釋》所撰提要中，四庫館臣主要從撰著體式方面有所批評，云：

是書前有至正丙戌汪克寬《序》，稱近世儒者取朱子平日所以語諸學者及其弟子訓釋之詞，疏於《四書》之左。真氏有《集義》，祝氏有《附錄》，蔡氏、趙氏有《集疏》、《纂疏》，相繼成編，而吳氏最晚出。但辯論未為完備，去取頗欠精審。定宇陳氏、雲峰胡氏因其書行於東南，輾轉承誤，陳氏因作《四書發明》，胡氏因作《四書通》。陳氏晚年又欲合二書為一而未遂。士毅受業於陳氏，因成此書。至正辛巳，刻於建陽。越二年，又加刊削，而克寬為之序。卷首有士毅《與書賈劉叔簡書》，述改刻之意甚詳。此《重訂》所由名也。此本改題曰《重訂輯釋章圖通義大成》，首行列士毅之名，次列新安東山趙汸同訂，次列鄱陽克升朱公遷《約旨》，次列新安林隱、程復心《章圖》、莆田王元善《通考》，次列鄱陽王逢訂定《通義》。書中亦糅雜蒙混，紛如亂絲，不可復究其端緒。是已為書賈所改竄，非士毅之舊矣。然陳櫟、胡炳文本因吳真子之書，士毅又因陳、胡之書。究其由來，實轉相稗販，則王逢因人成事，亦有所效法，不足為譏。〔註40〕

四庫館臣首先梳理的，正是元代孟學及四書學著述中「集疏體」的發展過程。至於倪士毅，在其師陳櫟《孟子發明》及胡炳文《孟子通》等著述基礎上繼而撰作《孟子輯釋》，使「集疏體」孟學著述之規模越來越大，內容亦愈加龐雜。尤其是到了後來「重訂」階段，更是疊床架屋，羅列《約旨》、《章圖》、《通考》、《通義》諸書，不復存在倪氏原編之「精簡」、「審要」，故四庫館臣批評其「糅雜蒙混，紛如亂絲，不可復究其端緒」。不過需要說明，此番批評乃針對《重訂孟子輯釋》而發，並非指倪氏《輯釋》原作。四庫館臣亦明曉「是已為書賈所改竄，非士毅之舊矣」。即便如此，在四庫館臣看來，倪氏《孟子輯釋》一書「究其由來」亦終究亦不過「轉相稗販」，格調不高。

〔註39〕〔清〕永瑢等：《四庫全書總目》卷三十六《四書類二》，第 301～302 頁。
〔註40〕〔清〕永瑢等：《四庫全書總目》卷三十七《四書類存目》，第 308～309 頁。

在《重訂四書輯釋》一書下,《四庫總目》又收錄了明人劉剡《四書通義》一書,提要稱:

> 是書因倪士毅《四書輯釋》重為訂正,更益以金履祥《疏義》、《指義》,朱公遷《通旨》、《約說》,程復心《章圖》,史伯璿《管窺》,王元善《通考》及當時諸儒著述,改題此名。夫吳真子據真氏、祝氏、蔡氏、趙氏之書纂為《四書集成》,自以為善矣,而胡炳文、陳櫟重訂之。胡氏、陳氏自以為善矣,而倪士毅又重訂之。倪氏自以為善矣,而剡又重訂之。自剡以後,重訂者又不知凡幾,蓋隸首不能算其數也。而大旨皆曰前人未善,吾不得已而作焉,實則轉相剽襲,改換其面貌,更易其名目而已。〔註41〕

「實則轉相剽襲,改換其面貌,更易其名目而已」,這是四庫館臣對於《四書輯釋》、《四書通義》一類著述體式的嚴厲批評之詞。

四、從《四庫總目》看元代孟學之價值及地位

元代孟學在整個孟學史上究竟具備怎樣的價值?佔有怎樣的地位?這是研究元代孟學史所要解決的重要問題。《四庫總目》不僅對於元代孟學史上代表性著述逐一撰作提要,還對元代孟學史的價值及特點有所總結,並且對元代孟學在學術史上的地位有所判定,成為後世研究元代孟學及元代學術的重要依照。

首先,《四庫總目》準確地抓住了影響元代孟學發展的一個重要政治因素——元仁宗皇慶、延祐年間的恢復科舉。一方面,在《四書類》小序中,《總目》精練又準確地勾勒出《大學》、《中庸》、《論語》、《孟子》四書隨元代科舉復興而「懸為令甲」的實際過程,並且得出「元、明以來之所解,則皆自《四書》分出者耳」的重要結論,這堪稱勾畫出了元代以來孟子學、四書學變遷之大勢。另一方面,《總目》對於延祐科舉帶來的元代孟學之新面目,亦有所反映。比如延祐科舉以來,四書學、孟子學領域也出現不少服務於科舉的著述。《四庫總目》不但收錄了袁俊翁《四書疑節》十二卷(含《孟子疑節》六卷)、王充耘《四書經疑貫通》六卷(含《孟子經疑貫通》二卷)二書,作為元代孟子學受科舉影響的代表性著述,而且有明確的學術史意識,稱:「錄此二書,猶可以見宋、元以來明經取士之舊制也。」〔註42〕

〔註41〕〔清〕永瑢等:《四庫全書總目》卷三十七《四書類存目》,第309頁。
〔註42〕〔清〕永瑢等:《四庫全書總目》卷三十六《四書類二》,第300頁。

其次，《四庫總目》對於孟子學以至四書學的某些核心觀念，也有準確揭櫫，從中又可以看出元代孟子學、四書學對於清人的影響。比如《四書類二》收錄了康熙十六年的《欽定日講四書解義》二十六卷，其中包含《孟子解義》十三卷，所撰提要云：

> 自朱子定著《四書》，由元、明以至國朝，懸為程試之令甲，家弦戶誦，幾以為習見無奇。實則內聖外王之道備於孔子，孔子之心法寓於《六經》，《六經》之精要括於《論語》，而曾子、子思、孟子遞衍其緒。故《論語》始於言學，終於堯舜湯武之政、尊美屏惡之訓；《大學》始於格物致知，終於治國平天下；《中庸》始於中和、位育，終於篤恭而天下平；《孟子》始於義利之辨，終於堯舜以來之道統。聖賢立言之大旨，灼然可見。蓋千古帝王之樞要，不僅經生章句之業也。〔註43〕

從這段文字我們可以看出，所謂「懸為程試之令甲，家弦戶誦，幾以為習見無奇」，描述的正是元代以來包含《孟子》在內的整個《四書》之學的變遷大勢。而「內聖外王之道備於孔子，孔子之心法寓於《六經》，《六經》之精要括於《論語》，而曾子、子思、孟子遞衍其緒」所指出的，則是宋、元以來四書學之「道統論」的重要內容，孟子正是接續孔、曾、思道統的重要儒學宗師，即所謂「《孟子》始於義利之辨，終於堯舜以來之道統」。

最後，《四庫總目》對於所收錄的具體孟學著述以及整個元代孟學發展狀況，均有精要的學術評斷。而這一評斷，往往是站在學術史的角度，通過對比的方式得出的，這便更能彰顯元代孟學的實際特徵及學術地位。比如四庫館臣在給王充耘《四書經疑貫通》所撰提要中稱：

> 其書以《四書》同異參互比較，各設問答以明之。蓋延祐科舉，經義之外有經疑，此與袁俊翁書皆程試之式也。其間辨別疑似頗有發明，非經義之循題衍說可以影響揣摩者比。故有元一代，士猶篤志於研經。明洪武三年初行科舉，其《四書》疑問以《大學》「古之欲明明德於天下者」二節與《孟子》「道在邇而求諸遠」一節合為一題，問二書所言平天下大指同異，蓋猶沿元制。〔註44〕

觀照《總目》之上下文可以明顯看出，「有元一代，士猶篤志於研經」乃是針

〔註43〕〔清〕永瑢等：《四庫全書總目》卷三十六《四書類二》，第303頁。
〔註44〕〔清〕永瑢等：《四庫全書總目》卷三十六《四書類二》，第300頁。

對於明代學術而言。「篤志於研經」可以算作元代學者一種重要的學術品格，這也保證了相關著述之學術含量。對於明代學者之孟學著述及四書學著述，四庫館臣則往往譏評其不實和入禪，與元代學術不可同日而語。比如批評管志道之《孟子訂測》云：「是書詮解《孟子》，分《訂釋》、《測義》二例。『訂釋』者，取朱子所釋而訂之。『測義』則皆自出臆說，恍惚支離，不可勝舉。蓋志道之學出於羅汝芳，汝芳之學出於顏鈞，本明季狂禪一派耳。」〔註45〕又如批評郝敬之《孟子說解》云：「至書中所解，往往失之粗獷，好議論而不究其實。」〔註46〕

在《四書類二》的「案語」中，四庫館臣又對包含孟子學在內的整個四書學之發展趨勢作出評說，云：

> 《四書》定於朱子《章句集注》，積平生之力為之，至垂沒之日，猶改定《大學》「誠意」章《注》，凡以明聖學也。至元延祐中用以取士，而闡明理道之書遂漸為弋取功名之路。然其時經義、經疑並用，故學者猶有研究古義之功。今所傳袁俊翁《四書疑節》、王充耘《四書經疑貫通》、詹道傳《四書纂箋》之類，猶可見其梗概。至明永樂中，《大全》出而捷徑開，八比盛而俗學熾。科舉之文，名為發揮經義，實則發揮注意，不問經義何如也。且所謂注意者，又不甚究其理，而惟揣測其虛字語氣以備臨文之摹擬，並不問注意何如也。蓋自高頭講章一行，非惟孔、曾、思、孟之本旨亡，並朱子之《四書》亦亡矣。〔註47〕

四庫館臣再一次提及元代科舉對於孟子學、四書學的重要影響，但就元代學術而言，「其時經義、經疑並用，故學者猶有研究古義之功」，與上文所謂「有元一代，士猶篤志於研經」，意思正好呼應，亦可見出元代孟學的學術品質。至於明代永樂年間以來，尤其是《四書大全》問世以後，「《大全》出而捷徑開，八比盛而俗學熾」，孟子學、四書學領域的學術品質逐漸減弱，漸而演化為八股應試之學。這樣發展下去的結果是：「蓋自高頭講章一行，非惟孔、曾、思、孟之本旨亡，並朱子之《四書》亦亡矣。」這對於孟子學、四書學而言，局面無疑不容樂觀。從這一點說開去，在人們心目當中通常乏善可陳的元代

〔註45〕〔清〕永瑢等：《四庫全書總目》卷三十七《四書類存目》，第310～311頁。
〔註46〕〔清〕永瑢等：《四庫全書總目》卷三十七《四書類存目》，第311頁。
〔註47〕〔清〕永瑢等：《四庫全書總目》卷三十六《四書類二》，第307頁。

孟學以至整個元代學術，尚有諸多值得關注之處，元代孟學應當是中國孟學史當中不可或缺的一環。

〔本文是國家社科基金一般項目「遼金元孟學史」（13BZX054）、
國家社科基金重大項目「中國四書學史」（13&ZD060）、
「四書學與中國思想傳統研究」（15ZDB005）的階段性成果〕